Birgit Pachler

Nähspaß für Jugendliche

Trendige Werkstücke für die Nähmaschine

Sweater, Jumper, Taschen und vieles mehr!

Leopold Stocker Verlag

Graz — Stuttgart

Umschlaggestaltung: DSR – Werbeagentur Rypka, A-8143 Dobl/Graz
Titelbilder: Stephan Friesinger, Graz, www.free-c.org,
mit Ausnahme von untere Reihe Mitte: Birgit Pachler
Bildnachweis: Stephan Friesinger, Graz, www.free-c.org: S. 4 oben, 7, 15, 50.
Alle anderen Fotos stammen dankenswerterweise von der Autorin.

Bibliographische Information der Deutschen Nationalbibliothek
Die Deutsche Nationalbibliothek verzeichnet diese Publikation in der Deutschen
Nationalbibliographie; detaillierte bibliographische Daten sind im Internet über
http://dnb.d-nb.de abrufbar.

Der Inhalt des Buches wurde von der Autorin und vom Verlag nach bestem Wissen
überprüft; eine Garantie kann jedoch nicht übernommen werden. Die juristische Haftung
ist daher ausgeschlossen.

Hinweis:
Dieses Buch wurde auf chlorfrei gebleichtem Papier gedruckt. Die zum Schutz vor
Verschmutzung verwendete Einschweißfolie ist aus Polyethylen chlor- und schwefelfrei
hergestellt. Diese umweltfreundliche Folie verhält sich grundwasserneutral, ist voll
recyclingfähig und verbrennt in Müllverbrennungsanlagen völlig ungiftig.

Auf Wunsch senden wir Ihnen gerne kostenlos unser Verlagsverzeichnis zu:
Leopold Stocker Verlag GmbH
Hofgasse 5 / Postfach 438
A-8011 Graz
Tel.: +43 (0)316/82 16 36
Fax: +43 (0)316/83 56 12
E-Mail: stocker-verlag@stocker-verlag.com
www.stocker-verlag.com

ISBN 978-3-7020-1624-1

Layout: DSR – Werbeagentur Rypka, A-8143 Dobl/Graz
Druck: hm·perfectprintconsult·eu

InHalt

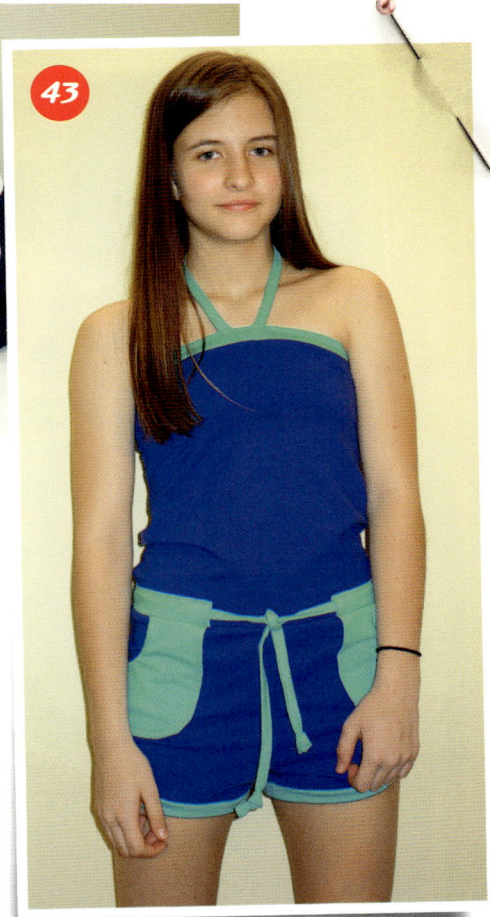

vOrWOrt

Nach meinen zwei Büchern „Nähspaß für Kinder" und „Noch mehr Nähspaß für Kinder" kommt hier nun das Buch für die großen Mädels. Der Wunsch nach richtig „schwierigen" Werkstücken war da und hier sind sie. Die Werkstücke sind so gewählt, dass ihr mit jedem Werkstück eure Kenntnisse erweitert und schon gelernte Abläufe teilweise wiederholt und festigt. Nach dem vielseitig verwendbaren Schatzbeutel kommt die Nackenrolle XXL, die gleichzeitig auch die Übung für die Overlockmaschine ist.

Denn dann geht's mit viel Jersey und Sweatshirt-Ware weiter, wofür man wieder andere Nadeln und Stiche verwendet. Als Abschluss kommt der Kulturbeutel, der richtig umfangreich ist. Aber all die Mühe lohnt sich, wenn man dann solch tolle Unikate zum Präsentieren hat. Also ran an die Maschinen und viel Spaß wünscht euch Birgit Pachler

InFoS

JErSey- UnD sWeAtmaTeRial

Wichtig sind Elastikstich, Jerseynadel und Jersey-Zwillingsnadel, für die ihr zwei gleiche Nähgarne braucht. Wie alles funktioniert, zeigt euch Judith beim Kleid ab S. 23.

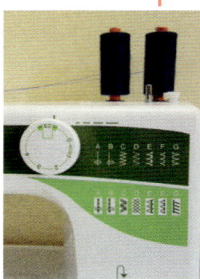

Als gEübte NÄherinNen haBt ihR sichEr folGeNdes NäHzUbehÖr

Scheren, Schnittpapier, Maßbänder, dünne Handnähnadeln, Nadelkissen mit Stecknadeln, Bügelbrett und Bügeleisen, Schneiderkreiden und Kreidenspitzer, Kantenmagnet und Auftrenner.
Als Alternative zur Schere gibt's auch den **Cutter mit Unterlage**. Aber achtet dabei auf eure Finger!!!

Fadenlauf

Auf manchen Schnittmustern findet ihr einen Pfeil mit der Aufschrift „Fadenlauf". Legt das Papierschnittteil so auf den Stoff, dass der Pfeil parallel zur Stoffkante (Webkante) verläuft.

OVErLocKmaSchiNE

Solltet ihr eine Overlockmaschine besitzen, bitte Folgendes beachten:
Man kann mit der Overlockmaschine nur versäubern (3 Fäden) oder aber eine komplette Naht nähen, so wie beim Jumper ab S. 43. Dann näht man allerdings mit 4 Fäden.

tiPP:

Wer keine Overlockmaschine besitzt, kann trotzdem alle Werkstücke problemlos nähen!!! Die Versäuberungsnaht näht ihr einfach mit einem breiten Zickzackstich!

ACHTuNG!

Es dürfen keine Stecknadeln im Nähgut stecken. Da die Overlockmaschine vor dem Nähen die Naht mit einem Messer beschneidet, würden Stecknadeln die Maschine beschädigen!

SCHNitte

In diesem Buch gibt es zwei Schnitt-bögen, auf denen viele Schnitte in Originalgröße aufgedruckt sind. Meine Mädels tragen von Gr. 164 bis Gr. 36. Die Schnitte auf den Bögen passen für diese Größen.

Ihr könnt aber jederzeit die Längen verändern. Den Gummibund probiert ihr an euch selbst und das Kleid könnt ihr bei Bedarf nach der ersten Anprobe auch etwas enger machen, solltet ihr es lieber „hauteng" haben wollen.

Die Schnittbögen werden in den Materiallisten mit folgenden Buttons gekennzeichnet:
Schnittbogen Ⓐ   Schnittbogen Ⓑ

Steckt euer Schnittpapier auf den Schnittbogen und paust die Schnitte ab. Bitte genau abpausen, da die Schnitte sich immer wieder überlappen. Alle Infos, die darauf stehen, schreibt auch auf eure Schnitte. Markierungen bitte ebenso übertragen. Rechteckige Teile sind in der Anleitung beschrieben. Die könnt ihr selbst auf euer Schnittpapier zeichnen … und vergesst nicht, bitte nehmt zum Ausschneiden der Schnitte die Papierschere! Ihr braucht aber auch ein langes Lineal und einen spitzen Stift! Die Nahtzugaben sind alle schon enthalten! Ihr könnt also ausschneiden und gleich loslegen!

ERKLÄRuNG StoffbRuch

Wenn ihr auf einem Schnitt das Wort „Stoffbruch" lest, hat das folgende Bedeutung:

1 Ihr faltet den Stoff parallel zur Webkante des Stoffes zusammen.

2 An der umgebogenen Seite ist der Stoffbruch. Legt das Herz also so auf, dass der Stoffbruch und die lange Kante am Papier-schnitt aufeinanderliegen.

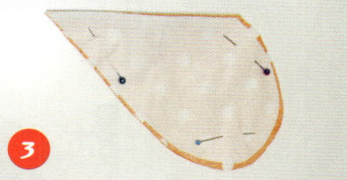

3 Genau dort, wo der Stoff um-gebogen ist, dürft ihr den Stoff **nicht durchschneiden.**

4 Halber Papierschnitt – ganzes Herz!

5 Ihr schneidet dann den Schnitt aus, und wenn ihr den Stoff auseinanderfaltet, habt ihr das ganze Stoffteil, das ihr benötigt.

z. B. Kleid

SCHATZ BEUTEL

Dieser Beutel ist vielseitig einsetzbar. Entweder du verstaust hier allerhand Nähutensilien, wie Bänder, Spitzen, Knöpfe, ODER du nähst einen Namen darauf und hast ein einmaliges Unikat ODER du verwendest ihn im Badezimmer für Dies und Das ODER du verschenkst ihn an einen lieben Menschen.

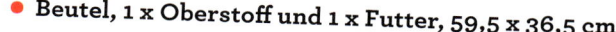

WIR BRAUCHEN:

- Beutel, 1 x Oberstoff und 1 x Futter, 59,5 x 36,5 cm
- Boden, 1 x Oberstoff, 1 x Futter und 1 x Volumenvlies, Schnittbogen **A**, Nr. 1
- 2 Streifen Futterstoff, 27 x 6 cm
- Volumenvlies, 59,5 x 24 cm
- Kordel, 110 cm lang, und 2 x Oberstoff, 9 x 6 cm
- Bügeleisen, Maßband und etwas Klebevliseline für Herz oder Namensschild

Bild 1: Judith nimmt die zwei schmalen Streifen und legt sie auf das Bügelbrett.

Bild 2: Dann bügelt sie alle vier Enden zweimal 1 cm nach innen um.

Bild 3: Anschließend näht sie alle vier Enden knappkantig an.

Bild 4: Danach klappt sie beide Streifen der Länge nach zur Mitte und bügelt auch sie.

Bild 5: Als nächstes legt sie beide Streifen auf den großen Stoff entlang der oberen langen Kante. Der Abstand nach oben beträgt 4 cm.

Bild 6: Der Abstand der beiden Streifen in der vorderen Mitte soll ca. 8 cm sein.

Bild 7: An den Seiten jeweils ca. 5 cm.

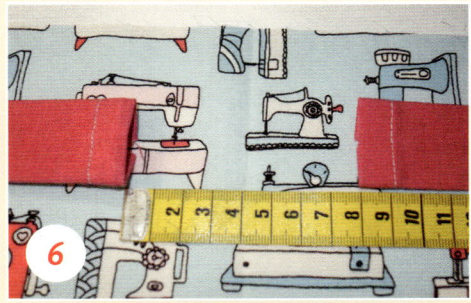
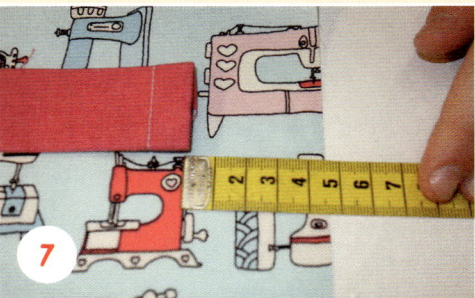

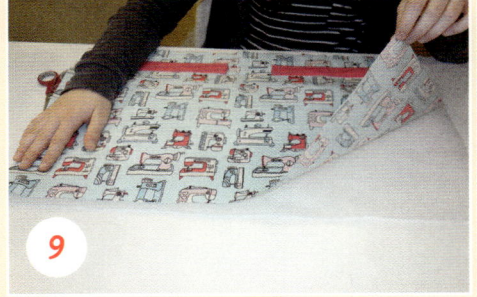

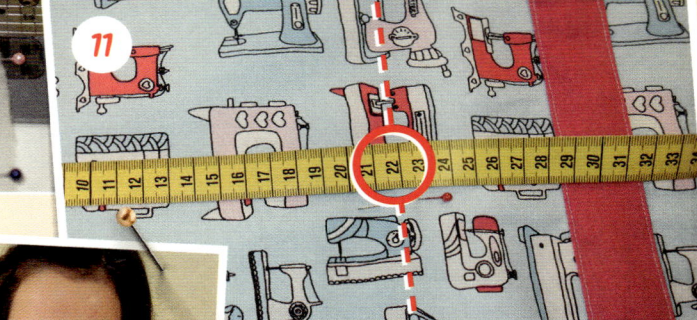

Bild 8: Wenn beide Streifen mit Stecknadeln festgesteckt sind, näht diese Judith knappkantig an den langen Seiten an.

Bild 9: Nun legt sie den Stoff auf das Volumenvlies so auf, dass beide Teile seitlich und unten genau abschließen.

Bild 10: Beide Teile dann seitlich und unten mit Stecknadeln anstecken und fußbreit zusammennähen.

Bild 11: Nun misst sie von der unteren Kante links, rechts und in der Mitte 22 cm mit dem Maßband nach oben. Dort steckt sie von links nach rechts (in einer Linie) den Oberstoff mit dem Volumenvlies zusammen.

Bild 12: Judith näht dann an dieser Linie entlang beide Stofflagen mit einer geraden Naht zusammen.

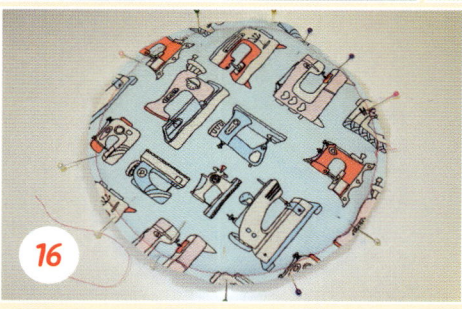

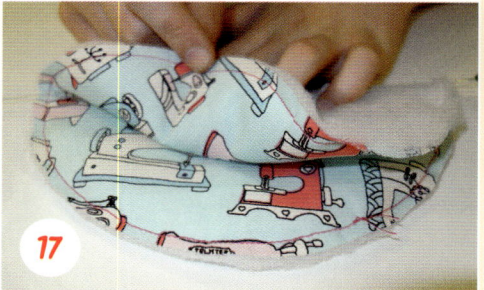

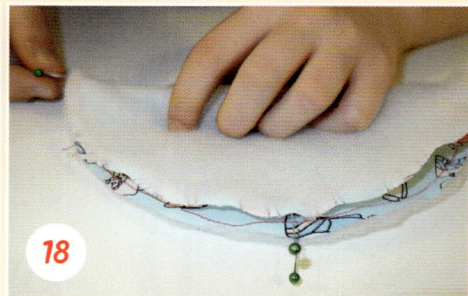

Bild 13: Nun schneidet sie das überstehende Volumenvlies exakt ab.

Bild 14: Jetzt legt sie die eine Seitennaht genau auf die andere und steckt diese mit Stecknadeln fest.

Bild 15: Die Seitennaht näht sie dann mit 1 cm Nahtbreite zusammen (neben der Naht von Bild 10).

Bild 16: Dann nimmt sie den runden Boden (Oberstoff), legt ihn auf das runde Volumenvlies, steckt ebenfalls beide Teile mit Nadeln zusammen und näht diese mit 0,5 cm Nahtbreite aneinander.

Bild 17: Jetzt werden Boden und Beutel zusammengenäht. Hierfür muss sie bei beiden Teilen die gesamte Weite in 4 gleich große Teile einteilen. Den Boden dafür zusammenfalten und seitlich 2 Nadeln reinstecken.

Bild 18: Boden aufklappen, drehen, beide Nadeln übereinanderlegen und wieder seitlich 2 Nadeln reinstecken.

Bild 19: Nun ist der Boden in 4 gleich große Teile eingeteilt.

tiPP:

Da das Volumenvlies sehr flauschig absteht, könnte man beim Nähen leicht mit dem Nähfuß hängenbleiben. Daher beim Nähen das Volumenvlies mit den Fingern nach unten drücken.

Bild 20: Sie legt den Beutel zusammen und steckt an der unteren Kante seitlich je 1 Stecknadel hinein.

Bild 21: Beutel aufklappen, drehen und beide Nadeln aufeinanderlegen. Nun steckt sie wieder an beiden Seiten je 1 Stecknadel hinein. Jetzt ist auch der Beutel in 4 gleich große Teile eingeteilt.

Bild 22: Als nächstes steckt Judith den Boden und den Beutel rechts auf rechts so aufeinander, dass immer zwei Nadeln zusammentreffen und die Teile dort zusammengesteckt werden.

Bild 23: Anschließend steckt sie beide Teile mit noch mehr Stecknadeln rundum fest und näht dann mit 1 cm Nahtbreite beides zusammen.

tiPP:

Hier ist es besser, wenn ihr auf dem Beutel näht und nicht auf dem Boden!

Bild 24: Jetzt dreht sie den Beutel um und kontrolliert, ob die Naht vollständig geschlossen ist. Perfekt!

Bild 25: Dann legt sie den Futterstoff für den Beutel rechts auf rechts aufeinander. Sie näht die Seitennaht 1 cm breit zusammen. Hierbei lässt sie im unteren Bereich ca. 10 cm offen.

26

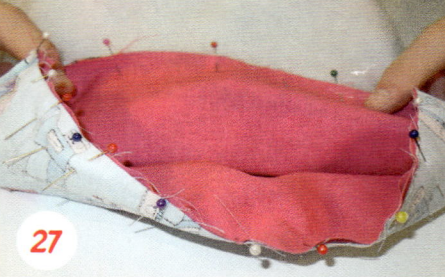

27

28

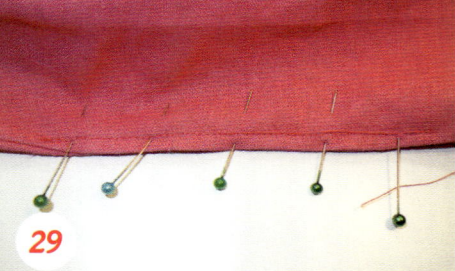

29

30

Bild 26: Judith näht nun auch diesen Futterbeutel und den Futterboden gleich zusammen wie den Beutel aus dem Oberstoff (siehe Punkt 17–23).

Bild 27: Jetzt schiebt sie beide Beutel rechts auf rechts ineinander und steckt sie an der oberen Kante gleichmäßig mit Stecknadeln zusammen. Anschließend werden sie mit 1 cm Nahtbreite zusammengenäht.

Bild 28: Jetzt wendet Judith den Beutel durch die innere Öffnung im Futter. Oberstoff und Futter an der Naht glatt bügeln.

Bild 29: Nun schließt sie die 10 cm breite Öffnung im Innenfutter fußbreit.

Bild 30: Judith schiebt den Futterbeutel nach innen und steckt die obere Kante so ab, dass vom Futter ca. 0,5 cm zu sehen ist. Dann wird diese Naht knappkantig abgenäht. Hierzu schiebt sie den Nähmaschinentisch weg und näht mit dem „Freiarm".

tiPP:

Damit der Beutel gleichmäßig zusammengenäht werden kann, darf sich das Innenfutter nicht drehen, sondern muss faltenlos wie der Oberstoff liegen. Bitte exakt anstecken!

Bild 31: Damit nun der Tunnelzug für die Kordel fixiert wird, näht Judith fußbreit oberhalb und unterhalb des Tunnelbundes um den Beutel herum.

Bild 32: Jetzt zieht Judith die Kordel mit einer Sicherheitsnadel durch den Tunnelzug.

Bild 33: Damit die Enden nicht ausfransen, näht sie noch kleine Stoffecken an. Hierfür faltet sie die kleinen Stoffstücke zusammen und näht diese seitlich fußbreit zusammen.

Bild 34: Danach umdrehen, die obere Kante nach innen stecken und bügeln.

Bild 35: Jetzt werden die Enden der Kordel reingesteckt und alles festgenäht.

Fertig: Der große, weiche Schatzbeutel kann nun gefüllt werden.

... oDEr Mit nAmeN

Bild 1: Du schneidest zweimal die Schablone (Schnittbogen ❹, Nr. 2) aus Stoff und einmal aus Klebevlieseline aus. Dann bügelst du die Vlieseline auf die linke Stoffseite eines Teils auf und stickst auf diesen Teil vorne den Namen mit Zickzackstich darauf.

Bild 2: So sieht das dann von hinten aus

Bild 3: Dann legst du beide Stoffteile rechts auf rechts aufeinander und nähst sie mit 1 cm Nahtbreite rundum zusammen. Jetzt schneidest du in das Teil, das nicht bestickt ist, einen Schnitt hinein.

Bild 4: Nun wird das gesamte Namensschild durch diese Öffnung umgedreht, gebügelt und auf der vorderen Mitte des Schatzbeutels angesteckt und aufgenäht.

Mit liEBe GeMacHt

Wenn du ein Herz vorne draufnähen möchtest, nimmst du die Herzschablone (Schnittbogen ❹, Nr. 3) und verarbeitest sie ganz gleich wie die ovale Schablone.

Zweimal ausschneiden, Vlieseline daraufbügeln, rechts auf rechts zusammennähen, aufschneiden, umdrehen, bügeln und auf den Beutel aufnähen!

NAckEn rOLLe xXL

Diese Nackenrolle wird von mir auch als „Führerschein für die Overlockmaschine" bezeichnet. Hier werden jede Menge Nähte genäht und anschließend werden alle Kanten mit der Overlockmaschine versäubert. Man sieht selbst recht gut, wie die Nähte durch das viele Üben exakter werden. Aber – ihr könnt alle Nähte dieser coolen Nackenrolle auch einfach mit einem Zickzackstich versäubern! Diese Nackenrolle ist nach der Patchworktechnik gearbeitet. Ihr könnt hier auch viele Stoffreste verarbeiten, da die Schnittteile eher klein sind!

WIR BRAUCHEN:

- 10 x Streifen A, 44 x 8 cm
  (in mindestens 4 unterschiedlichen Farben)
- 2 x Reißverschlussstreifen B, 44 x 7 cm
- 2 x Seitenteil Streifen C, 61 x 9,5 cm
- 2 x Kreis Schnittbogen **B**, Nr. 4
- 1 Reißverschluss, Länge 45 cm oder länger
- 1 Kissen, 45 x 60 cm (Möbelhaus)
- Overlockmaschine, Bügeleisen, Reißverschlussnähfuß, Handnähnadel

Bild 1: Carmen legt alle 10 Streifen (A) so auf den Tisch, dass es ein tolles Muster ergibt. Beachten muss sie allerdings, dass der 1. und 10. Streifen, der 2. und der 9., der 3. und der 8., der 4. und der 7. sowie der 5. und der 6. Streifen nicht das gleiche Muster haben.

TIPP:

Alle Nähte werden vor dem Zusammennähen immer mit Stecknadeln festgesteckt!

Bild 2: Nun näht sie die Streifen der Reihe nach immer exakt 1 cm breit rechts auf rechts zusammen.

Bild 3: Super. Jetzt werden alle 9 Nähte auf der linken Stoffseite mit der Overlockmaschine versäubert. Man kann die Nähte natürlich auch mit dem Zick-Zack-Stich einer normalen Nähmaschine versäubern!

Bild 4: So sehen die Nähte dann aus!

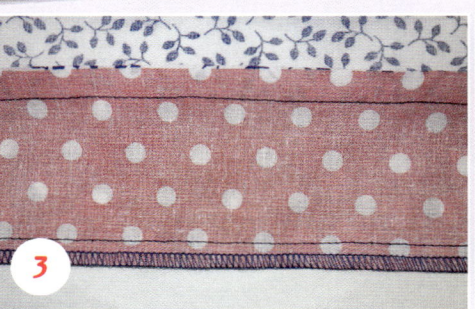

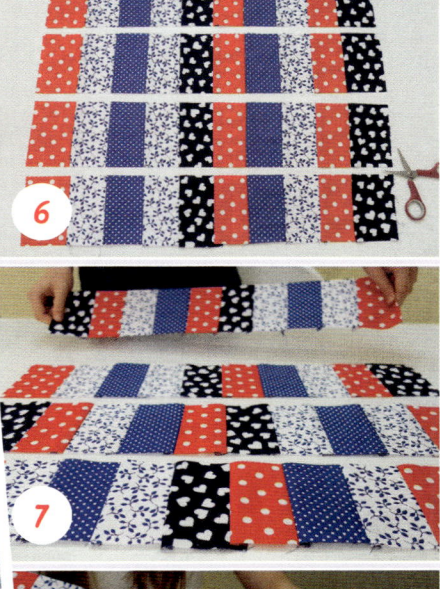

Bild 5: Nun legt Carmen die zusammengenähten Streifen mit der linken Stoffseite nach oben auf das Bügelbrett und bügelt alle Nähte in eine Richtung.

Bild 6: Jetzt schneidet sie den gesamten Stoff entweder mit einer Schere oder einem Cutter dreimal der Länge nach durch.

Bild 7: Anschließend dreht sie den zweiten und den vierten Streifen von links nach rechts und schon entsteht ein tolles Patchworkmuster! (Durchs Drehen könnte es sein, dass gleiche Farben wieder zusammenkommen, wenn man Punkt 1 nicht eingehalten hat!)

Bild 8: Carmen näht die vier Streifen auch wieder mit 1 cm Nahtbreite rechts auf rechts zusammen und versäubert diese dann mit der Overlockmaschine.

Bild 9: Und wieder muss die linke Stoffseite gut gebügelt werden.

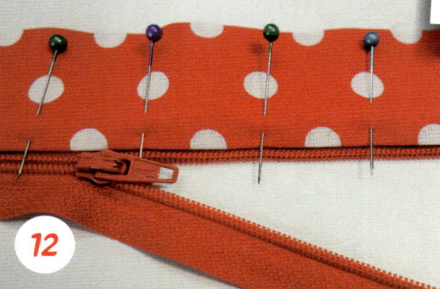

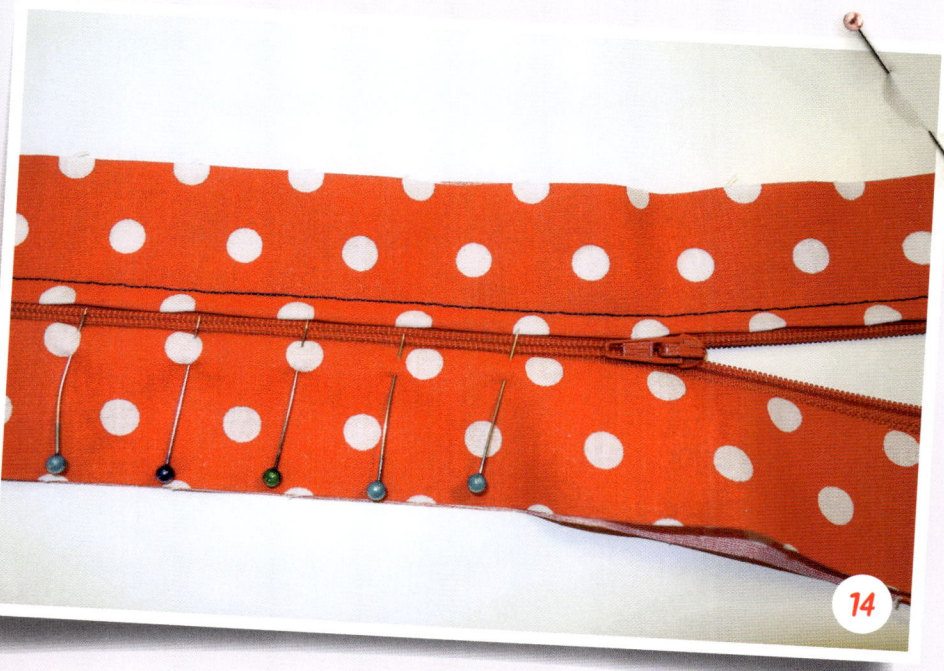

Bild 10: Sollte jetzt am Rand noch der eine oder andere Streifen ungleich sein, ist das auch kein Problem – sie schneidet die Kanten oben und unten gerade ab. Perfekt!

Bild 11: Nun nimmt Carmen die beiden Reißverschlussteile B, faltet diese der Länge nach zusammen, sodass die rechte Stoffseite außen ist, und bügelt sie.

Bild 12: Dann steckt sie den Reißverschluss mit vielen Stecknadeln so an einen Streifen, dass die offenen Kanten des Streifens außen sind.

Bild 13: Jetzt wechselt sie das Nähfüßchen und näht den Reißverschluss mit dem passenden Reißverschluss-Nähfuß knappkantig an.

Bild 14: Dann wird die zweite Seite am Reißverschluss angesteckt und ebenfalls angenäht.

Bild 15: Als nächstes nimmt Carmen die zwei Streifen C, steckt sie jeweils an der langen Seite oben und unten rechts auf rechts an die Patchworkarbeit an und näht sie mit dem normalen Nähfuß mit 1 cm Nahtbreite zusammen. Danach werden auch diese Nähte wieder mit der Overlockmaschine versäubert und gebügelt.

tiPP:

Ich habe Kinder im Nähkurs, die haben statt 1 cm oft 0,5 cm bis zu 2 cm von der Naht entfernt genäht. Damit der Streifen C auch in diesem Fall noch für das Kissen passt, habe ich ihn größer vorgegeben. Alles, was über den Mittelteil (Patchworkteil) hinaussteht, schneidet ihr einfach gerade ab! Das können 2–5 cm sein.

Bild 16: Nun wird der Streifen mit dem Reißverschluss so dazugelegt, dass er schön in der Mitte liegt. Links und rechts befindet sich der zurechtgeschnittene Streifen C. Wie ihr seht, muss auch Carmen links und rechts vom Streifen C etwas abschneiden.

Bild 17: Wenn die Längen dann passen, legt sie den Streifen mit dem Reißverschluss rechts auf rechts auf das Patchworkkissen. Dann werden eine Seite des Streifens mit dem eingenähten Reißverschluss und die Kante des Kissens mit 1 cm Nahtbreite zusammengenäht.

Bild 18: Dann das ganze Kissen etwas nachdrehen und den zweite Streifen des Reißverschlusses an die noch offene Kante des Kissens anstecken und ebenfalls mit 1 cm Nahtbreite annähen. So, nun ist das Kissen eine „Rolle", da es an den Längen zusammengenäht ist.

Bild 19: Wenn das alles gut geklappt hat, werden beide Nähte wieder auf der linken Stoffseite versäubert.

Bild 20: Nun werden die beiden Enden der Nackenrolle zugenäht. Jetzt muss Carmen die Streifen C so in Fältchen legen, dass sie um den Kreis D herumpassen. Damit die gesamte Weite gleichmäßig verteilt werden kann, steckt Carmen 4 Stecknadeln als Markierung in den Kreis (siehe Schatzbeutel Punkt 17–19).

Bild 21: Auch die Nackenrolle wird in vier gleich große Teile aufgeteilt und mit Stecknadeln markiert (siehe Schatzbeutel Punkt 20–21).

Bild 22: Nun nimmt Carmen eine Handnähnadel, fädelt einen Faden ein und näht an der langen Kante in 1 cm langen Stichen rundherum. Die Stecknadeln müssen im Stoff bleiben!

Bild 23: Dann schiebt sie den Kreis rechts auf rechts in die Nackenrolle und steckt immer beide Markierungsnadeln übereinander fest. Achtung: Jetzt muss sie vorsichtig am Faden ziehen und darauf achten, dass der Streifen C sich langsam um den Kreis legt.

Bild 24: Sobald beide Teile gleich groß sind, steckt sie viele Stecknadeln hinein und näht das Ganze 1 cm breit zusammen.

Bild 25: Carmen dreht die Rolle auf die rechte Stoffseite um und sieht nach, ob alles schön angenäht wurde. Wenn ja, kann die Naht versäubert werden, wenn nein, muss sie nochmals nachnähen und dann versäubern.

Dann öffnet sie den Reißverschluss und näht den zweiten Kreis am anderen Ende der Nackenrolle ebenso an. Und schon ist die Nackenrolle fertig!

Bild 26: So wird aus einem normalen Kissen ein maßgeschneidertes Innenkissen für die Nackenrolle:

Bild 27: Sie schneidet das Kissen am Rand auf und legt die Füllwatte vorsichtig zur Seite.

Bild 28: Dann zeichnet sie folgende Maße an und schneidet die Teile doppelt aus.

Rechteck, 44 x 32 cm (den Stoffbruch an der rechten Seite durchschneiden) und Kreis (Schnittbogen **B**, Nr. 4).

Bild 29: Jetzt näht sie das Rechteck an den langen Seiten mit der Nähmaschine 1 cm breit zusammen.

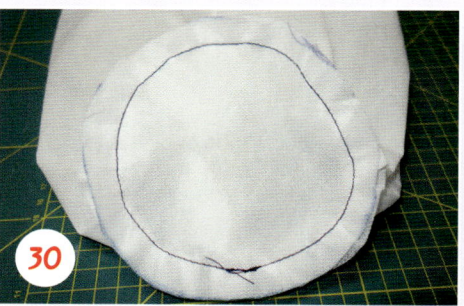

Bild 30: Als nächstes steckt sie den Kreis in das Kissen. Hier wird die Mehrweite einfach mit den Nadeln in kleine Fältchen gesteckt (das muss nicht perfekt sein) und der Kreis 1 cm breit angenäht.

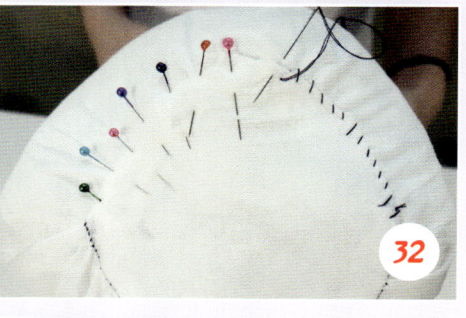

Bild 31: Den zweiten Kreis näht sie nur bis zur Hälfte an. Jetzt wird das gesamte Innenkissen umgedreht und mit der Füllwatte neu gefüllt ... so dick, wie ihr die Nackenrolle haben wollt.

Bild 32: Das letzte Stück offene Naht wird dann noch mit der Hand in kleinen Stichen zugenäht!

Bild 33: Nun schiebt Carmen vorsichtig das Innenfutter in den Kissenbezug, schließt den Reißverschluss und schon kann sie auf ihrer neuen Nackenrolle relaxen! Solch ein Einzelstück gibt es nirgends zu kaufen!

... und dann hat sie auch noch eine für ihre Mama genäht!

kLeiD

Dieses Outfit ist durch den tollen Jerseystoff ein echter Hit. Judith wird damit sicher auffallen. Das Kleid ist bequem und auch mit Leggings toll kombinierbar. Ich hab mich für diesen Schnitt entschieden, da die Raglanärmel leicht anzunähen sind. Hier gibt's nur gerade Nähte und noch keine Armkugeln! Neu ist das Säumen mit der Zwillingsnadel. Dieser Schnitt kann auch als T-Shirt verwendet werden. Einfach in der Länge kürzen!

WiR BraUchEn:

- 1 x Vorderteil, Schnittbogen Ⓐ, Nr. 5 (im Stoffbruch)
- 1 x Rückenteil, Schnittbogen Ⓐ, Nr. 6 (im Stoffbruch)
- 2 x Ärmel, Schnittbogen Ⓐ, Nr. 7
- 2 Garnrollen in der gleichen Farbe für die Säume
- Jerseynadel, Maßband, dünne Handnähnadel, Jersey-Zwillingsnadel, Auftrenner, Overlockmaschine

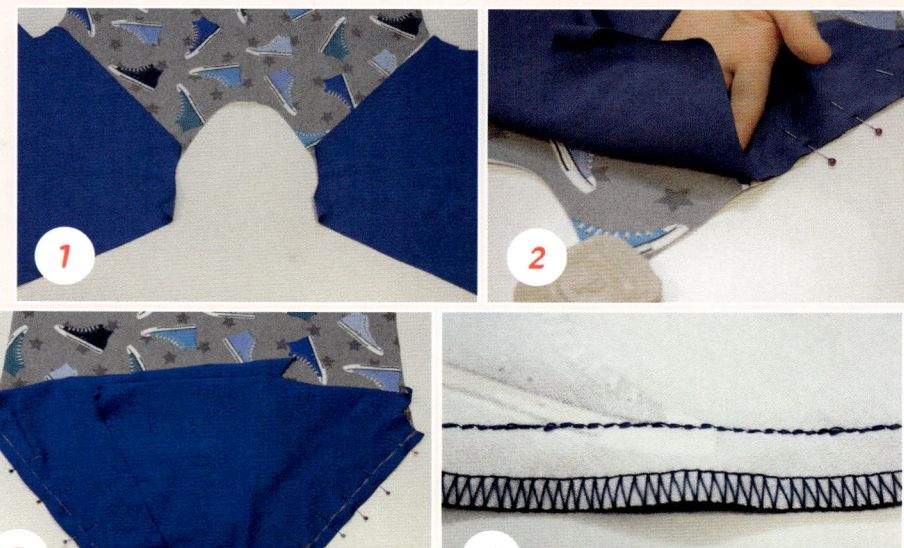

Bild 1: Judith legt das Vorderteil und die beiden Raglanärmel so auf den Tisch, dass die rechte Stoffseite nach oben schaut.

tiPP:

Beim einfärbigen Jersey müsst ihr darauf achten, dass die kleinen Maschen zu sehen sind.

Bild 2: Beide Ärmel werden rechts auf rechts so auf das Vorderteil gelegt, dass die Raglanärmelnähte genau aufeinanderpassen (xx auf xx, siehe Schnittbogen).

Bild 3: Nun hat sie beide Ärmel mit Stecknadeln an das Vorderteil angesteckt.

Bild 4: Anschließend näht sie diese mit der Jerseynadel und dem Elastikstich mit 1 cm Nahtbreite zusammen und versäubert diese mit der Overlockmaschine. Ihr könnt die Nahtkanten natürlich auch mit einem Zickzackstich versäubern!

tiPP:

Das sind die Symbole für den Elastikstich.

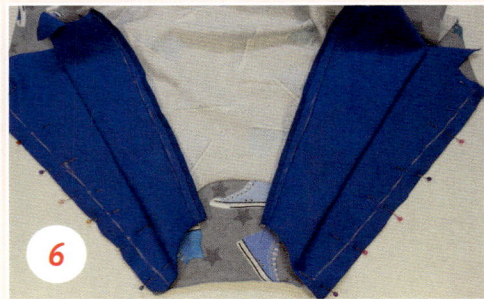

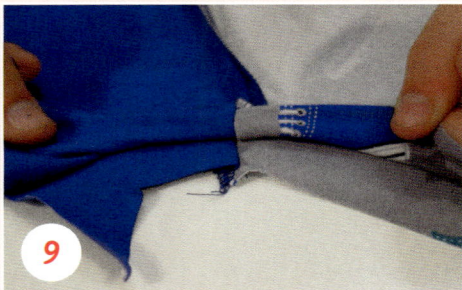

Bild 5: Dann legt sie das Rückenteil mit der rechten Seite nach oben auf den Tisch und legt dort ebenfalls die Ärmel mit dem Vorderteil rechts auf rechts auf, sodass die Raglanärmelnähte genau aufeinanderpassen (zz auf zz siehe Schnittbogen).

Bild 6: Wie bei Punkt 4 zusammennähen und versäubern!

Bild 7: Jetzt legt sie Vorder- und Rückenteil rechts auf rechts aufeinander, sodass die Seitennähte exakt übereinanderliegen.

Bild 8: Wenn ihr genau zugeschnitten habt, müssten beide Teile exakt aufeinanderpassen. 😃

Bild 9: Die Ärmelnähte bei den Seitennähten müssen genau zusammenpassen. Hier steckt Judith sofort eine Stecknadel hinein.

Bild 10: Dann werden beide Seitennähte mit Stecknadeln festgesteckt, mit 1 cm Nahtbreite mit dem Elastikstich zusammengenäht und zuletzt mit der Overlockmaschine versäubert.

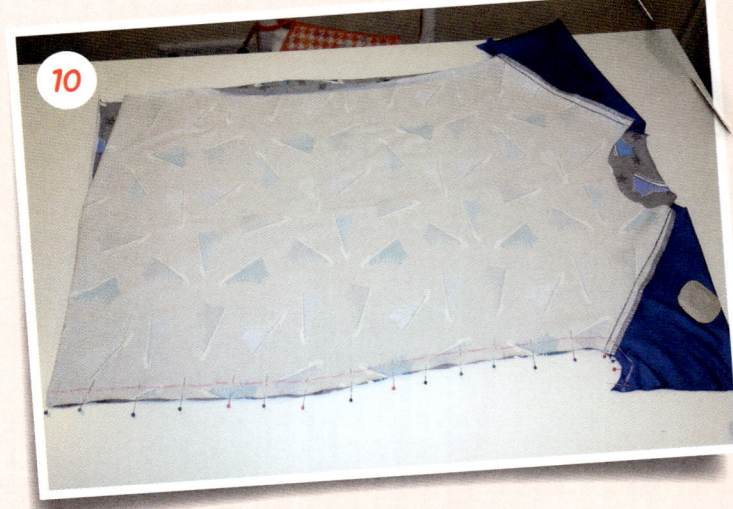

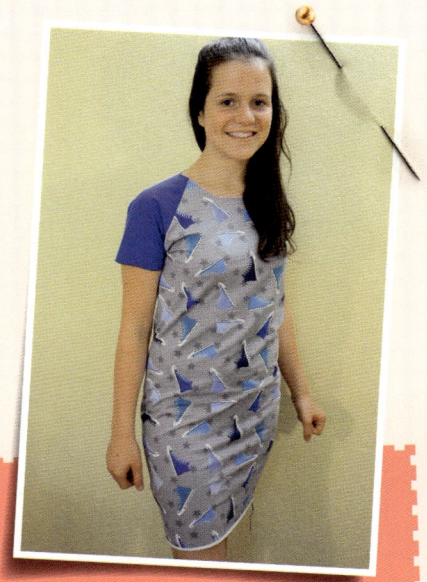

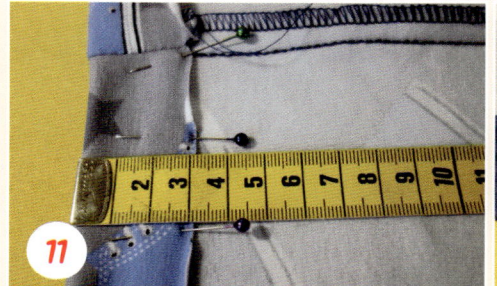

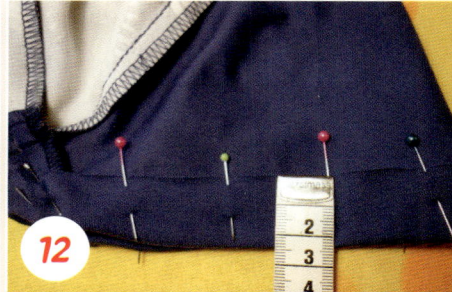

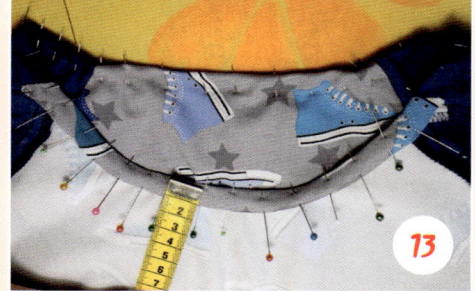

tiPP:

Nun ist das Kleid zusammengenäht und ihr könnt es mal probieren. Jetzt kann man die Länge genau abstecken oder evtl. das Kleid noch etwas enger nähen, sollte es euch zu weit sein.

Bild 11: Judith passt der Schnitt super. Sie dreht das Kleid auf die linke Seite, da nun alle Säume genäht werden. Hierfür benötigt sie ein Maßband und eine Handnähnadel. Sie legt den Kleidersaum (die untere Kante des Kleides) 3 cm breit auf die linke Stoffseite und steckt ihn rundum mit Stecknadeln fest.

Bild 12: Nun legt sie die Ärmelsäume ebenfalls 2,5 cm breit auf die linke Seite und steckt diese mit Stecknadeln fest.

Bild 13: Als letztes steckt sie den Halsausschnitt 1–1,3 cm breit auf die linke Seite. Hier verwendet sie besonders viele Stecknadeln für die Rundungen!

Bild 14: Anschließend näht sie alle festgesteckten Säume genau an der oberen Kante mit kleinen Stichen von Hand an und nimmt die Stecknadeln wieder heraus!

Bild 15: Ganz besonders genau muss Judith den Saum am Halsausschnitt mit der Hand annähen, da sie hier nur max. 1,3 cm Umschlag zur Verfügung hat.

tiPP:

Nehmt für die Heftnaht einen Nähfaden in einer grellen Farbe, sodass ihr diese Naht auf der rechten Stoffseite später gut sehen könnt, und näht bitte bis zu 1 cm kleine Stiche !!!

Bild 16: Nachdem nun alle Säume mit der Hand festgenäht worden sind, dreht Judith das Kleid auf die rechte Seite um und wechselt die Nadel in der Nähmaschine.

tiPP:

Die Säume werden nun mit einer Jersey-Zwillingsnadel angenäht. Hierfür stellt sie den Elastikstich wieder auf Normalstich! Die Nadelposition muss in der Mitte sein! Für diese Naht benötigt sie zwei Garnrollen. Alle Stecknadeln müssen vor dem Nähen entfernt werden!

Bild 17: Sie näht nun alle Säume mit der Zwillingsnadel ganz knapp neben der handgenähten Naht fest (Kleidersaum, Ärmelsaum und Halsausschnitt).

Bild 18: Bitte beachtet, dass ihr für diese Nähte zwei Garnrollen in der gleichen Farbe benötigt, da man auf der rechten Seite beide Nähte sieht.

Bild 19: Dann kann sie die Heftnaht ganz vorsichtig (am besten auf der linken Seite) wieder herausziehen. Dazu nimmt sie den Auftrenner.

T-SHiRt

Nachdem Judith den Schnitt super-einfach findet und das Kleid in knapp 3 Stunden genäht hat, wird sie ihr nächstes Projekt in Angriff nehmen. Sie näht den gleichen Schnitt nur etwas kürzer und schon hat sie ein cooles T-Shirt! Da sie das T-Shirt etwas lockerer will, verzichtet sie auf die Taillierung und zeichnet den Schnitt vom Saum gerade nach oben zur Ärmelnaht.

4

sWEater

Dieser Sweater ist wahnsinnig bequem und hat auch einige besondere Details, wie eine Eingriffstasche mit Bündchen und eine zweifärbige Kapuze. Hier lernt Cosima auch noch, wie man einen Ärmel mit Armkugel einnäht. Sie hat den Sweater in kunterbunten Farben genäht und er sieht super aus!

WiR BraUchEn:

- 1 x oberes Vorderteil, Schnittbogen **B**, Nr. 8 (im Stoffbruch)
- 1 x unteres Vorderteil, Schnittbogen **B**, Nr. 9 (im Stoffbruch)
- 1 x Eingriffstasche, Schnittbogen **B**, Nr. 10 (im Stoffbruch)
- 1 x Rückenteil, Schnittbogen **B**, Nr. 11 (im Stoffbruch)
- 2 x Ärmel, Schnittbogen **B**, Nr. 12
- 2 x Kapuze aus Sweat- und Jerseymaterial, Schnittbogen **B**, Nr. 13
- Bündchenmaterial:
    - 1 x Saumbündchen, 40 x 14 cm (Schlauchware, rundum 80 cm)
    - 2 x Tascheneingriff, 25 x 10 cm
    - 2 x Ärmelbündchen, 16 x 16 cm
- Jerseynadel, Overlockmaschine

Bild 1: Cosima legt den Streifen für den Tascheneingriff längs aufeinander, steckt diesen fest und näht die Längsseiten mit Elastikstich und 0,5 cm Nahtbreite (fußbreit) zusammen. Dann wiederholt sie das beim zweiten Streifen.

Bild 2: Dann legt sie den Tascheneingriff so auf den Tisch, dass die rechte Seite nach oben zeigt. Jetzt steckt sie mit Stecknadeln die Bündchenstreifen mit der Naht an den schrägen Tascheneingriffen fest und näht diese mit 1 cm Nahtbreite an. Alle Nähte werden mit Elastikstich genäht! Danach versäubert sie die Kanten mit der Overlockmaschine oder einem Zickzackstich.

Bild 3: Nachdem beide Bündchenstreifen angenäht sind, legt sie die Eingriffstasche auf das untere Vorderteil (rechte Seite oben) und steckt sie an den Seiten und an der oberen und unteren Kante mit Nadeln fest. Achtung: Die Eingriffstasche muss hier genau in der Mitte sein!

Bild 4: Dann werden alle abgesteckten Nähte fußbreit angenäht. Das ist sozusagen eine Heftnaht, die später nochmals breiter nachgenäht wird. Überstehende Bündchen schneidet Cosima ab.

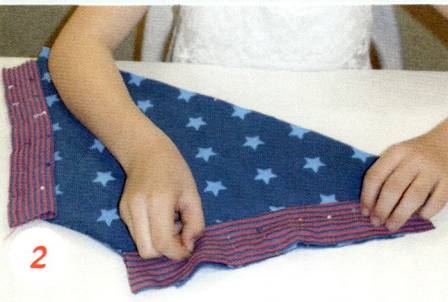

Bild 5: Nun legt sie das obere Vorderteil rechts auf rechts so auf das untere Vorderteil, dass die Mittelnaht genau aufeinanderliegt. Anstecken, 1 cm breit annähen und versäubern.

Bild 6: Nun ist das Vorderteil fertig. Sieht schon super aus!

Bild 7: Anschließend wird das Rückenteil rechts auf rechts auf das Vorderteil gelegt, sodass die Schulternähte genau aufeinanderliegen.

Bild 8: Dann beide Schulternähte anstecken, mit 1 cm Nahtbreite zusammennähen und die Nähte schließlich versäubern.

Bild 9: Nun werden die Ärmel eingenäht. Dafür wird der Sweater umgedreht. An jedem Ärmel gibt es einen „Schulternahtpunkt". Ebenso einen „vorderen Ärmeleinsatzpunkt", den es auch am oberen Vorderteil gibt.

tiPP:

Diese Markierungen müsst ihr vom Papierschnitt mit Schneiderkreide auf die Ärmel übertragen.

Bild 10: Die Ärmeleinsatzpunkte am Vorderteil und am Ärmel treffen zusammen. Cosima legt sie rechts auf rechts aufeinander und fixiert sie mit Stecknadeln.

Bild 11: Die Schulternaht vom Vorder- und vom Rückenteil kommt genau auf den Schulterpunkt des Ärmels.

Bild 12: Nachdem beide Ärmel mit vielen Nadeln angesteckt wurden, näht Cosima sie mit 1 cm Nahtbreite an und versäubert jeweils die Kanten.

Bild 13: Nun sind beide Ärmel angenäht!

Bild 14: Der Sweater wird nun seitlich zusammengenäht. Dabei muss die Ärmelnaht an der Seitennaht genau aufeinanderpassen.

Bild 15: Jetzt steckt sie die Seiten- und Ärmelnähte mit Stecknadeln zusammen, näht sie mit 1 cm Nahtbreite zusammen und versäubert die Kanten.

Bild 16: Nun werden die Streifen für die Ärmelbündchen an der schmalen Seite zusammengesteckt und mit 1 cm Nahtbreite zusammengenäht.

Bild 17: Jetzt die Bündchen so zusammenlegen, dass sie doppelt liegen, und die obere Kante mit Nadeln feststecken.

Bild 18: Die obere Kante mit Elastikstich fußbreit zusammennähen.

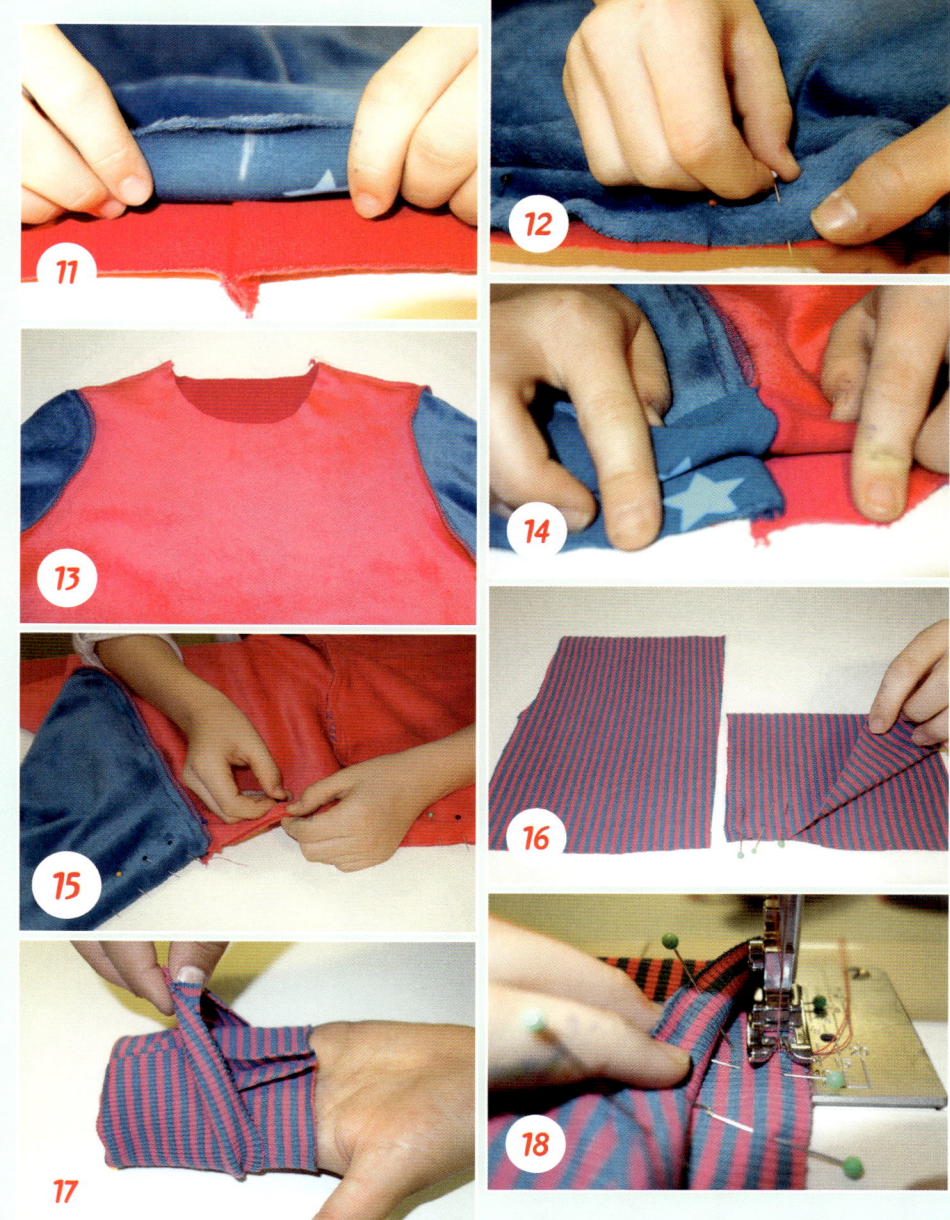

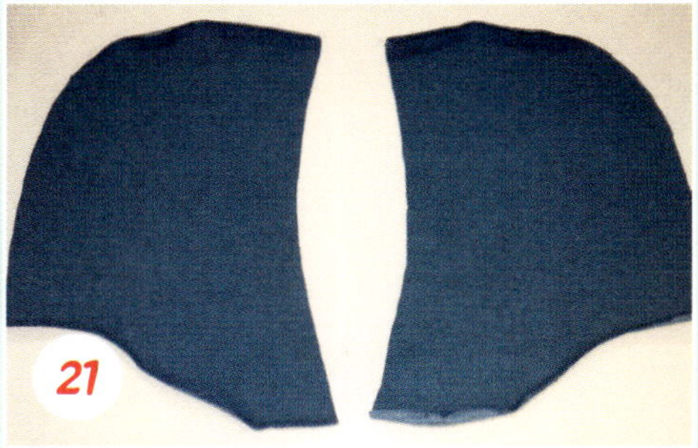

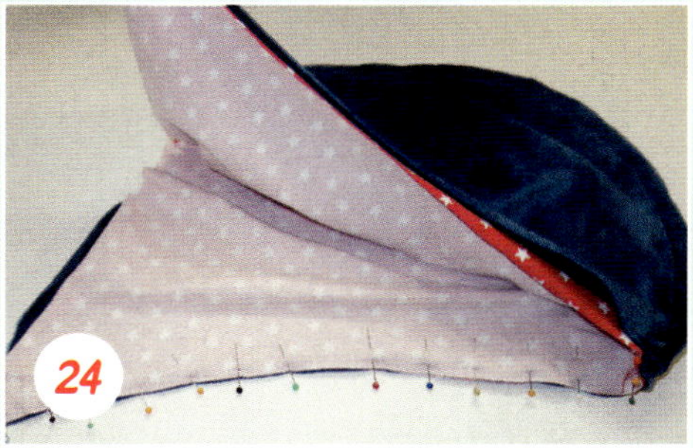

Bild 19: Bündchen und Ärmel rechts auf rechts ineinanderstecken, sodass beide Nähte aufeinandertreffen. Mit vielen Stecknadeln anstecken.

Bild 20: 1 cm breit zusammennähen und die Kante versäubern. So sieht das dann aus.

Bild 21: Cosima legt beide Kapuzenteile mit der schönen Seite nach oben auf den Tisch.

Bild 22: Nun werden sie rechts auf rechts aufeinandergelegt. Cosima steckt die hintere Kopfnaht zusammen und näht sie mit 1 cm Nahtbreite zusammen.

Bild 23: Das Futter der Kapuze wird genauso genäht.

Bild 24: Nun werden beide Kapuzen rechts auf rechts ineinandergelegt, mit Nadeln zusammengesteckt und 1 cm breit an der vorderen Kante zusammengenäht.

Bild 25: Die Kapuze dann so umdrehen, dass die vordere Kante gleichmäßig abschließt. Cosima steckt auch diese Kante sehr exakt mit Stecknadeln ab.

Bild 26: Diese Naht 1 cm breit absteppen, sodass die Kapuzenteile nicht verrutschen können.

Bild 27: Beide Kapuzenteile an der unteren Kante zusammenstecken und fußbreit zusammennähen.

Bild 28: Am Papierschnitt der Kapuze gibt es für die vordere Mitte und für die Schulternaht jeweils eine Markierung. Diese auf die Kapuze mit Schneiderkreide übertragen.

Bild 29: Die beiden kurzen Teile an der vorderen Kante übereinanderlegen (von der einen Markierung bis zur nächsten Markierung) und fußbreit zusammennähen.

Bild 30: Cosima steckt nun in die vordere und hintere Mitte des Sweaters eine Stecknadel hinein.

tiPP:

Die Kapuze muss exakt eingenäht werden, da man sie sonst nicht richtig aufsetzen kann.

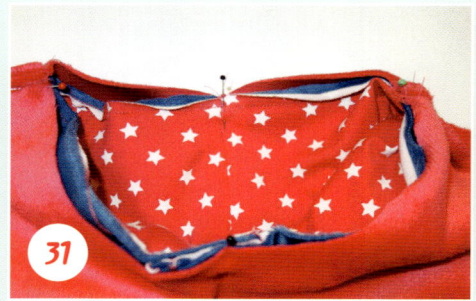

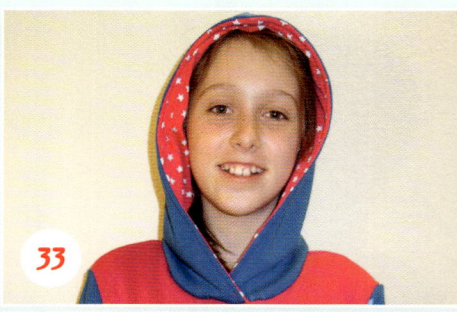

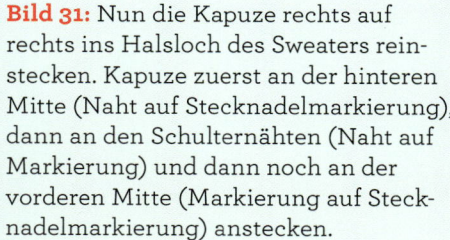

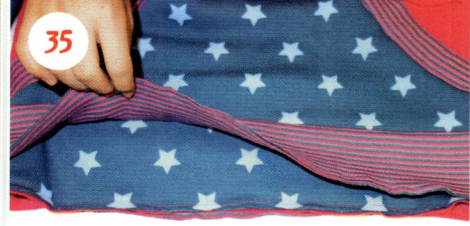

Bild 31: Nun die Kapuze rechts auf rechts ins Halsloch des Sweaters reinstecken. Kapuze zuerst an der hinteren Mitte (Naht auf Stecknadelmarkierung), dann an den Schulternähten (Naht auf Markierung) und dann noch an der vorderen Mitte (Markierung auf Stecknadelmarkierung) anstecken.

Bild 32: Nun steckt Cosima rundherum viele Stecknadeln hinein und näht die Kapuze 1 cm breit an. Anschließend wird die Kante noch versäubert.

Bild 33: So sieht die Kapuze dann fertig aus.

Bild 34: Nun fehlt noch das Bündchen am Saum. Cosima benutzt einen „Schlauchripp", der von der Breite her genau passt. Wenn ihr das nicht habt, näht einfach zwei Bundstreifen an den Seitennähten zusammen. Dann das Bündchen an der offenen Kante zusammenstecken und fußbreit zusammennähen.

Bild 35: Jetzt wird das Bündchen genau an der unteren Kante des Sweaters mit vielen Nadeln festgesteckt, mit 1 cm Nahtbreite angenäht und die Kante dann noch versäubert!

Fertig: Wie man sieht, lohnt sich die Arbeit! Es ist ein absolutes Lieblingsmodell meiner Nähmädels.

5

JOGGINGHOSE

Passend zum Sweater haben sich die Mädels auch eine gemütliche Hose gewünscht. Hier lernt ihr, wie man Eingriffstaschen näht. Weiters nähen wir einen Gummibund ein und verwenden die Zwillingsnadel wieder für den Saum. Der Schnitt ist vielseitig einsetzbar. Nehmt ihr einen dünnen Jerseystoff, könnt ihr die Hose auch als Pyjamahose verwenden, oder ihr näht unten am Saum ein Bündchen an, dann habt ihr die Hose am Beinabschluss enger.

- 2 x Vorderhose,
  Schnittbogen **B**, Nr. 14
- 2 x Hinterhose,
  Schnittbogen **B**, Nr. 15
- 2 x Taschenbeutel innen,
  Schnittbogen **B**, Nr. 16
- 2 x Taschenbeutel außen,
  Schnittbogen **B**, Nr. 17
- 1 x Bund, 79 x 10 cm
- 1 x Gummibund, 3 cm breit,
  Länge 65–75 cm,
  je nach Taille
- 1 Jerseynadel und 1 Jersey-
  Zwillingsnadel sowie zwei
  gleiche Garnrollen, Overlockmaschine, Sicherheitsnadel, Kantenmagnet

Bild 1: Zuerst legt Cosima den inneren Taschenbeutel und das Vorderhosenteil mit der rechten Stoffseite nach oben auf den Tisch.

Bild 2: Dann wird der Taschenbeutel rechts auf rechts genau auf die Eingriffskante gesteckt.

Bild 3: Da man dieses extra-kuschelige Sweatmaterial leider nicht anzeichnen kann, nimmt sie den Kantenmagneten zur Hilfe. Sie steckt beide Teile mit vie-len Stecknadeln an der geschwungenen Eingriffsnaht beim Taschenbeutel fest und näht den Taschenbeutel mit 1 cm Nahtbreite zusammen. Achtung: Für die gesamte Hose wird der Elastik-stich verwendet!

Bild 4: Danach dreht sie den Taschen-beutel nach innen. An der Kante steckt sie wieder viele Stecknadeln hinein und näht auch diese Naht wieder mit 1 cm Nahtbreite entlang des Kantenmagne-ten zusammen.

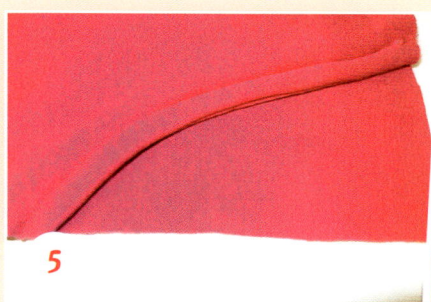

Bild 5: Dann zeichnet Cosima die Markierungen am äußeren Taschenbeutel auf der rechten Seite an (siehe Papierschnitt Nr. 17). Jetzt legt sie die Vorderhose so auf den Taschenbeutel, dass der Tascheneingriff, der an der Vorderhose schon abgenäht ist, exakt auf die Markierung des äußeren Taschenbeutels passt. Dann steckt sie am oberen und unteren Ende des Tascheneingriffs jeweils eine Stecknadel rein, so dass alle 3 Lagen fixiert sind und nichts mehr verrutschen kann.

Bild 6: Nun legt sie die Vorderhose so zur Seite, dass vor ihr beide Taschenbeutel zu sehen sind. Beide Taschenbeutel liegen exakt aufeinander und werden nun an der gebogenen Kante mit Steck-

nadeln zusammengesteckt und mit 1 cm Nahtbreite zusammengenäht.

Bild 7: Jetzt werden die Kanten versäubert. Cosima näht sie mit der Overlockmaschine.

Bild 8: Das Hosenteil wieder auf den Tisch legen und die obere und die seitliche Kante des Taschenbeutels am Hosenteil anstecken und fußbreit zusammennähen. Diese Naht dient nur als Hilfsnaht oder Heftnaht.

Bild 9: Nun näht Cosima nach gleicher Anleitung den Taschenbeutel der zweiten Seite.

Bild 10: Danach legt sie das rechte Vorderhosenteil rechts auf rechts auf das linke Vorderhosenteil, sodass die vordere Schrittnaht genau aufeinandertrifft.

Bild 11: Feststecken und mit 1 cm Nahtbreite die Schrittnaht zusammennähen. Stecknadeln rausnehmen und mit der Overlockmaschine die Kante versäubern.

Bild 12: Dann nimmt sie die beiden hinteren Hosenteile her, legt diese ebenfalls an der hinteren Schrittnaht rechts auf rechts übereinander, mit 1 cm Nahtbreite zusammennähen und versäubern.

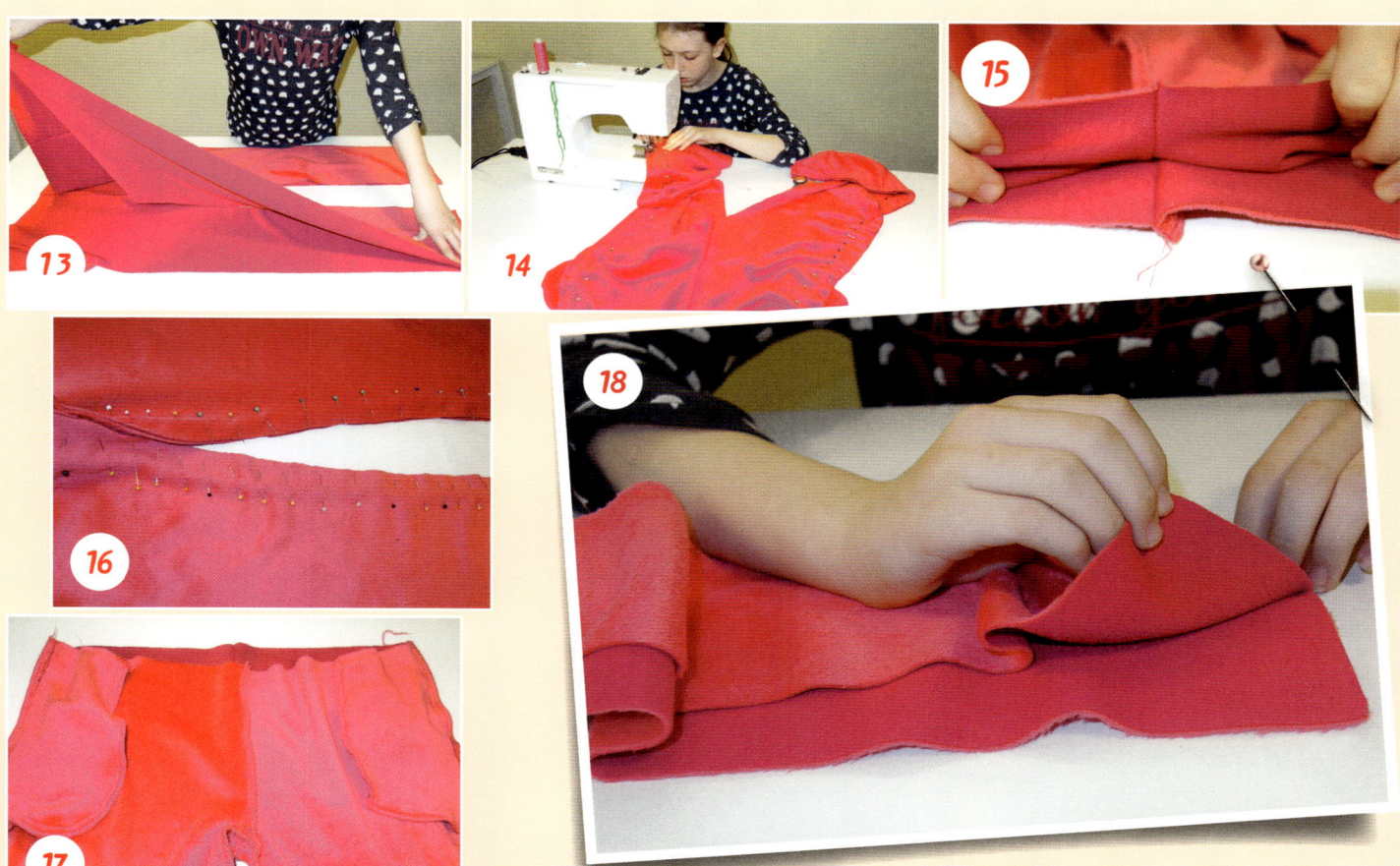

Bild 13: Die vorderen Hosenteile auf den Tisch legen. Rechts auf rechts wird nun die Hinterhose daraufgelegt. Cosima näht nun die Seitennähte zusammen. Zuerst die Teile feststecken, mit 1 cm Nahtbreite die Seitenkanten zusammennähen und die Kanten versäubern.

Bild 14: Da ihr hier viel Material zum Nähen habt, ist es wichtig, dass ihr einen großen Tisch zur Verfügung habt.

Bild 15: Nun ist die Hose seitlich zusammengenäht. Jetzt wird noch die innere Beinnaht nach dem gleichen Schema zusammengenäht. Hier steckt Cosima zuerst den Punkt Schrittnaht und Beinnaht zusammen (zwischen den Beinen).

Bild 16: Jetzt wieder beide inneren Beinnähte zusammenstecken, zusammennähen und versäubern.

Bild 17: Die Hose ist nun zusammengenäht.

Bild 18: Nun den Bundstreifen seitlich rechts auf rechts zusammenstecken und mit 1 cm Nahtbreite nähen.

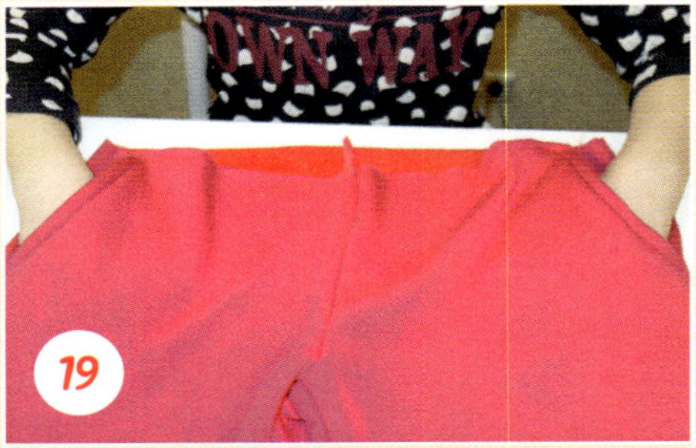

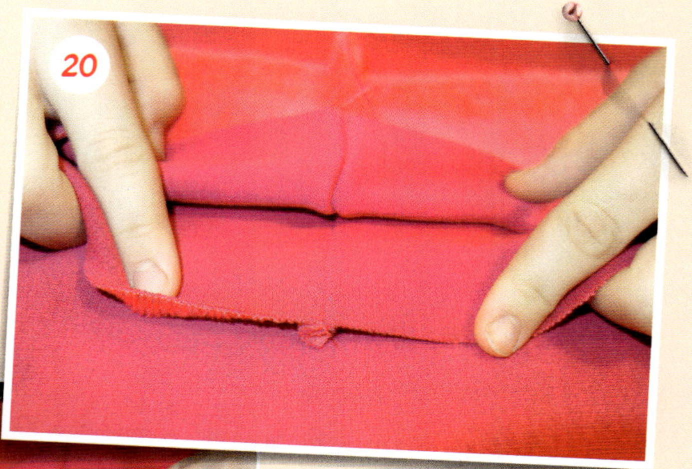

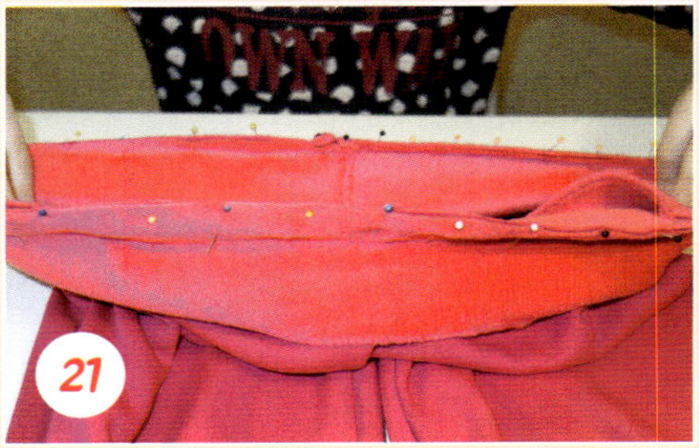

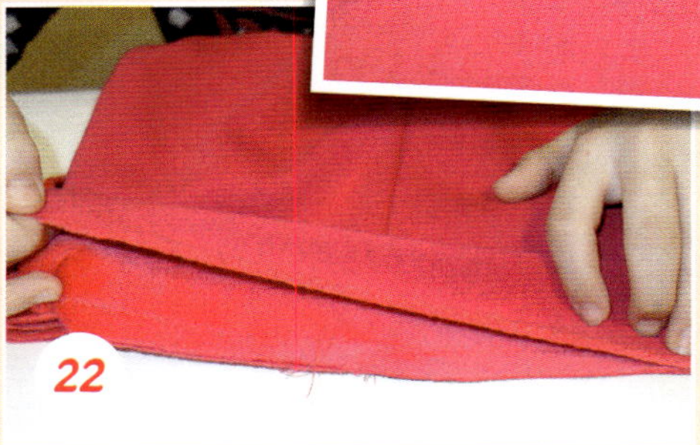

Bild 19: Dann die Hose umdrehen. Sieht schon gut aus!

Bild 20: Cosima steckt nun eine Längsseite des Bundes und die Hose rechts auf rechts aneinander. Hier wird zuerst die Naht des Bundstreifens an die Schrittnaht der hinteren Hosenteile gesteckt.

Bild 21: Den Bund rundum gleichmäßig an der oberen Kante der Hose feststecken und mit 1 cm Nahtbreite annähen.

Bild 22: Dann wird die zweite Längsseite des Bundes nach oben geklappt und ebenfalls an der Kante angesteckt.

Bild 23: Da wir den Gummibund später einziehen, müsst ihr ca. 8 cm offen lassen. Den Rest des Bundes könnt ihr exakt auf der schon genähten Kante annähen.

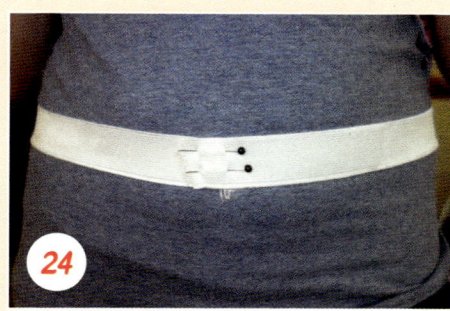

Bild 24: Dann den Gummibund der Länge nach abmessen (Anprobe).

Bild 25: Cosima zieht nun mit einer Sicherheitsnadel den Hosengummi durch den Hosenbund.

Bild 26: Dann beide Endteile feststecken und mehrmals zusammennähen.

Bild 27: Nun den Gummibund in den Hosenbund reinschieben und die offenen 8 cm mit der Nähmaschine auf der gleichen Nahtlinie zunähen und alle Stecknadeln rausnehmen.

Bild 28: Nun versäubert Cosima den Hosenbund gemeinsam mit der Oberkante der Jogginghose mit der Overlockmaschine. Damit sich der Gummi im Bund nicht dreht, näht sie jeweils an der Seitennaht den Gummi mit dem Hosenbund mit Geradstich fest.

Bild 29: Jetzt könnt ihr die Hose anprobieren und die Länge abmessen. Vielleicht kann euch jemand die richtige Länge mit Nadeln abstecken.

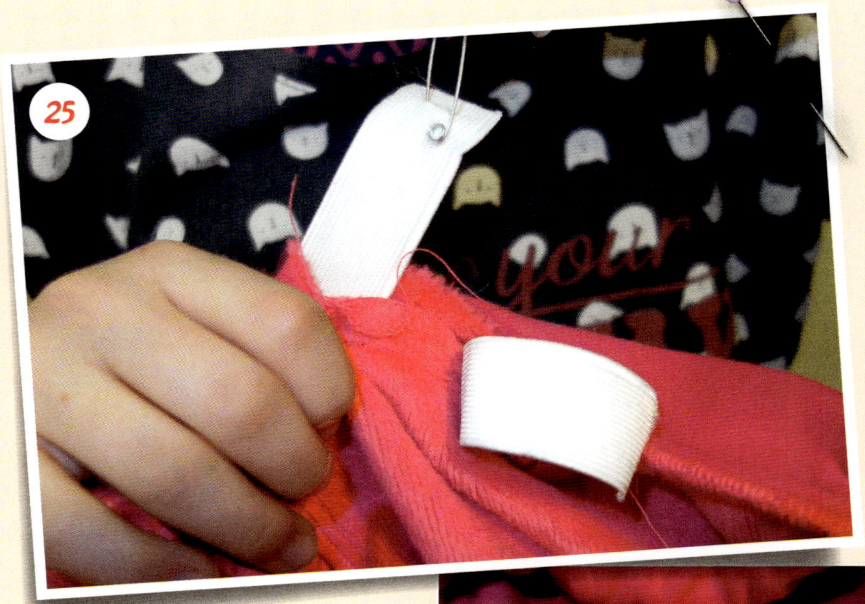

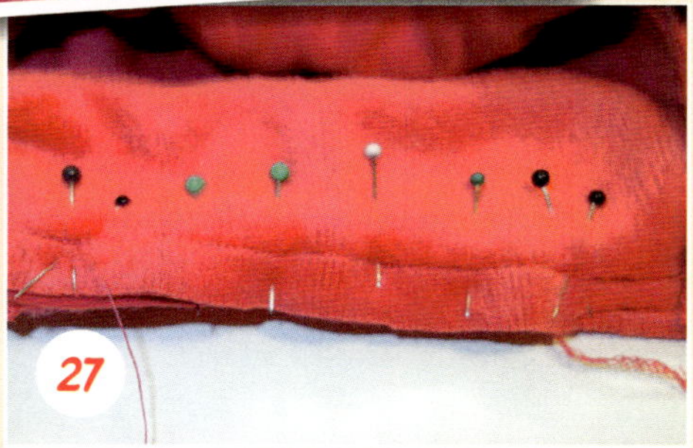

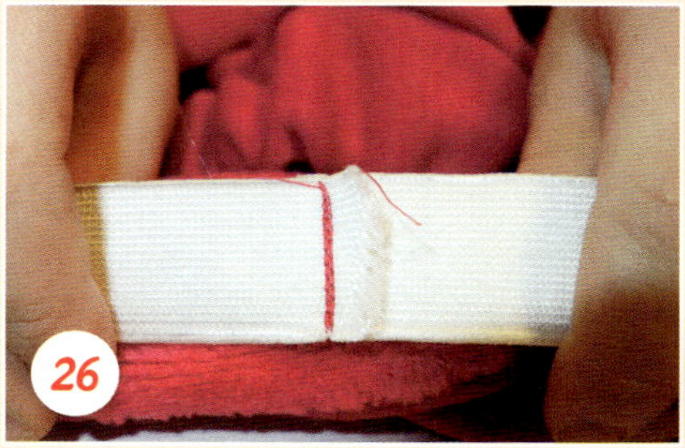

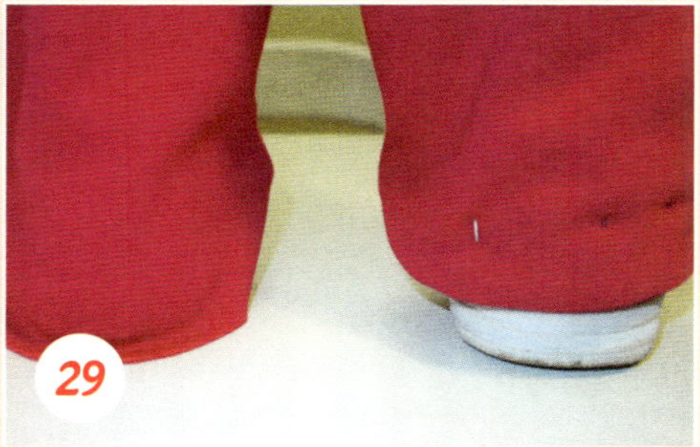

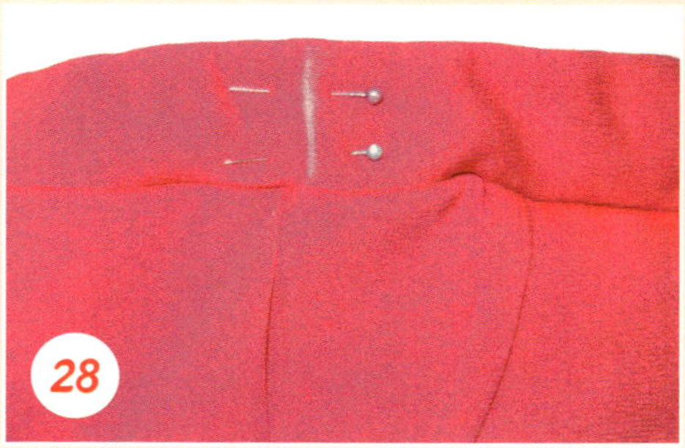

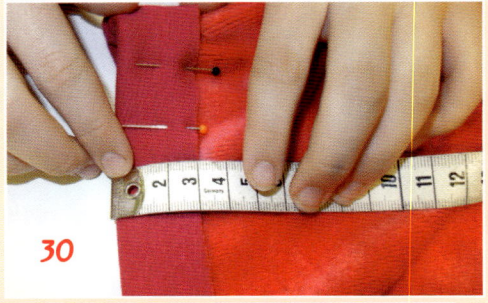

Bild 30: Cosima dreht die Hose wieder auf links. Sie nimmt ein Maßband, klappt den Saum 3 cm nach oben und steckt ihn mit Stecknadeln fest.

Bild 31: Dann wird der Saum mit einem Heftfaden mit der Hand ganz knapp an der oberen Kante rundum angeheftet. Stecknadeln wieder entfernen.

Bild 32: Hose umdrehen und mit der Jersey-Zwillingsnadel knapp unterhalb des Heftfadens einmal rundherum nähen. Dazu schiebt Cosima den Nähtisch weg (Freiarm) und kann das Hosenbein perfekt nähen. Zusätzlich stellt sie den Elastikstich wieder auf normalen Nähstich um.

Bild 33: Jetzt entfernt Cosima noch die Heftfäden mit dem Auftrenner.

Bild 34: Und fertig!

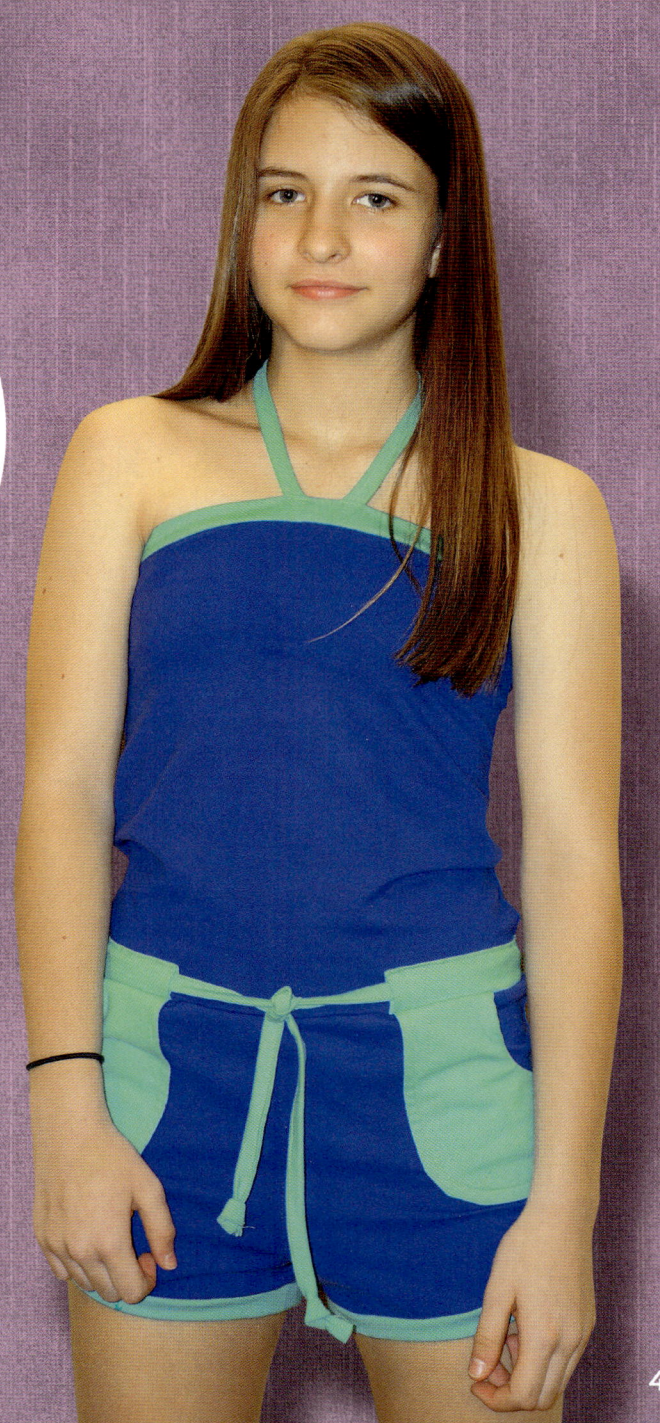

6

JUmpEr

Endlich Sommer! Meine Mädels haben mir ihre Wünsche geäußert und nun haben sie IHREN Jumperschnitt! Ein luftiges, cooles Outfit, in dem man den Sommer unbeschwert genießen kann!

WiR BraUchEn:

- 1 x Vorderteil, Schnittbogen Ⓐ, Nr. 18
- 1 x Rückenteil, Schnittbogen Ⓐ, Nr. 19
- 2 x Vorderhose, Schnittbogen Ⓐ, Nr.20
- 2 x Hinterhose, Schnittbogen Ⓐ, Nr. 21
- 4 x Taschen, Schnittbogen Ⓐ, Nr. 22 (2 x in Blau, 2 x in Türkis)
- 1 x Träger, 120 x 6 cm, und 1 x Gürtel, 135 x 6 cm
- Jerseynadel und Zwillings-Jerseynadel, Overlockmaschine 4-fädig (oder Elastikstich und Zick-Zack-Naht), Bügeleisen, Bügelbrett, Sicherheitsnadel

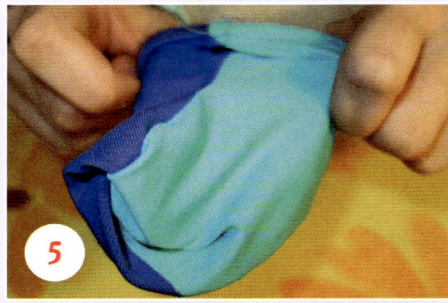

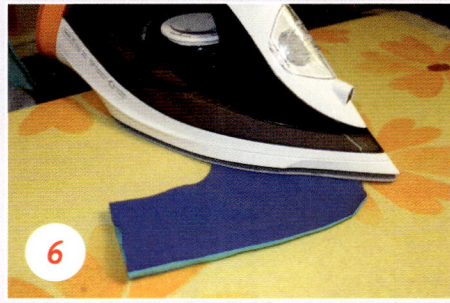

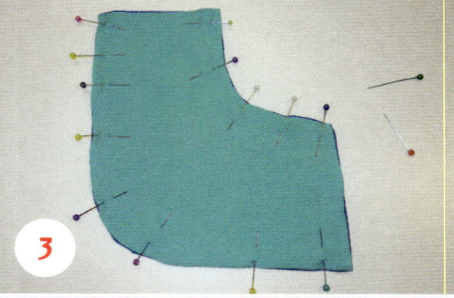

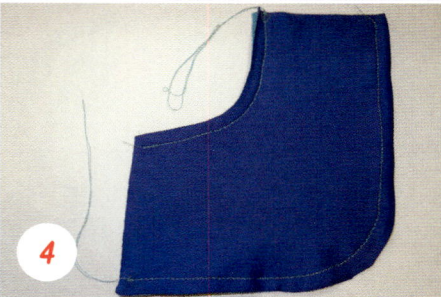

Bild 1: Carmen legt alle Taschenteile mit der rechten Stoffseite nach oben auf den Tisch.

Bild 2: Dann platziert sie das türkise rechts auf rechts genau auf das blaue Teil.

Bild 3: Carmen steckt die zwei Teile an den Rundungen zusammen.

Bild 4: Der Taschenbeutel wird dann mit Elastikstich nur an den Rundungen fußbreit (0,5 cm) zusammengenäht.

Bild 5: Nachdem sie auch die zweite Tasche genäht hat, dreht sie beide um.

Bild 6: Und bügelt die Kanten genau.

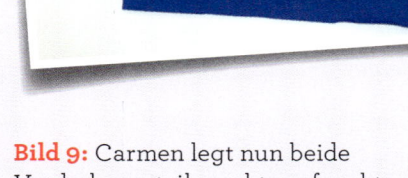

Bild 7: Nun steckt sie beide Taschen auf das jeweilige Vorderhosenteil auf und näht diese oben und seitlich fußbreit an. Das ist eine Hilfsnaht bzw. Heftnaht.

Bild 8: Jetzt näht sie die Taschen am äußeren, runden Abschluss füßchenbreit an, so kann man in die Tasche schon was hineingeben.

Bild 9: Carmen legt nun beide Vorderhosenteile rechts auf rechts aufeinander.

tiPP:

Damit das gut gelingt, solltet ihr die äußere Naht ganz an der Kante zuvor mit kleinen Handstichen fixieren.

ACHTUNG!

Ihr könnt die Nähte zuvor mit dem Elastikstich fußbreit vornähen oder mit der Hand heften, damit die Teile unter der Overlockmaschine nicht verrutschen! Vor dem Nähen unbedingt die Stecknadeln rausnehmen!!!

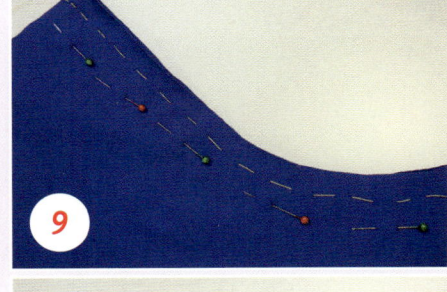

Bild 10: Carmen näht nun die Schrittnaht mit 4 Fäden, somit benötigt sie keine zusätzliche Sicherheitsnaht mit der normalen Nähmaschine. Die Hinterhose näht sie ebenfalls an der hinteren Mitte zusammen.

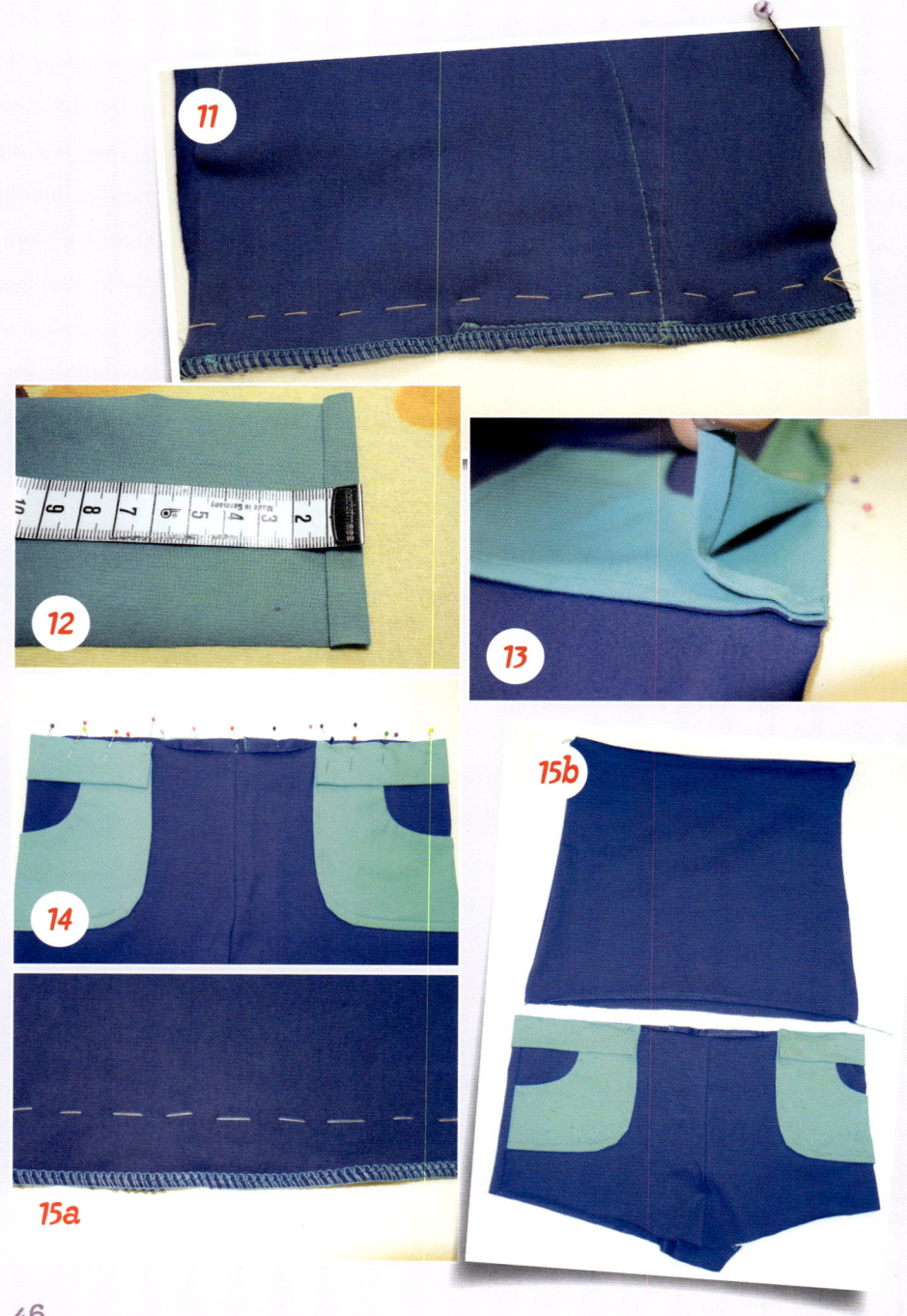

Bild 11: Nun werden die Vorderhose und die Hinterhose rechts auf rechts aufeinandergelegt, die Seitennähte zuerst geheftet und dann mit der Overlockmaschine zusammengenäht.

Bild 12: Carmen legt nun den Streifen für den Gürtel auf das Bügelbrett. Die beiden Enden werden zweimal 1 cm nach innen auf die linke Seite gebügelt.

Bild 13: Der Streifen wird nun an der oberen Kante der Hose angesteckt, sodass der Tunnelbund genau mit den Taschen abschließt. Dann wird die zweite Längsseite nach oben geklappt und dazugesteckt.

Bild 14: Ihr könnt ruhig viele Nadeln zum Fixieren nehmen. Dann werden alle drei Lagen (Hose und beide Längsseiten des Tunnelbundes) fußbreit zusammengenäht.

Bild 15a: Jetzt legt sie das Vorderteil und das Rückenteil rechts auf rechts aufeinander. Die Seitennähte müssen exakt aufeinanderliegen. Dann werden die Seitennähte wieder geheftet und mit der Overlockmaschine zusammengenäht.

Bild 15b: Nun sind Oberteil und Unterteil des Jumpers fast fertig.

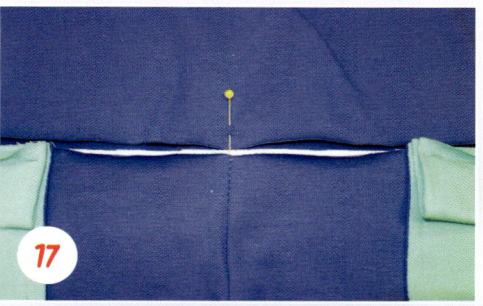

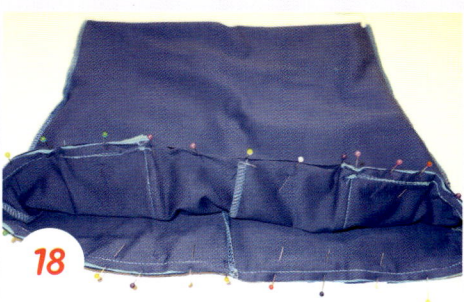

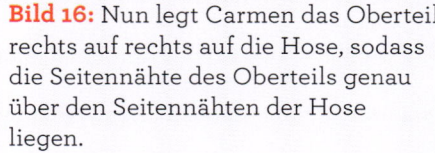

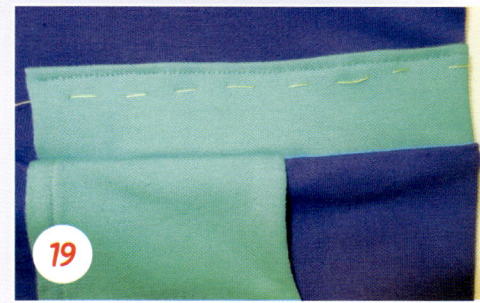

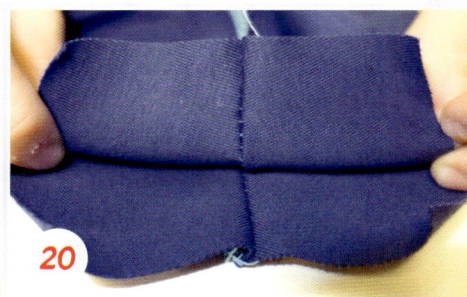

Bild 16: Nun legt Carmen das Oberteil rechts auf rechts auf die Hose, sodass die Seitennähte des Oberteils genau über den Seitennähten der Hose liegen.

Bild 17: Ebenfalls sollte auch die Mittelnaht der Hose vorne und hinten exakt auf der Mitte des Vorder- und Rückenteils zu liegen kommen (Markierung mit einer Stecknadel).

Bild 18: Wieder steckt sie alles rundum zusammen, heftet die Naht und näht sie mit der Overlockmaschine zusammen.

Bild 19: Den Jumper umdrehen. Dann klappt sie den Tummelbund ans Oberteil. Sie heftet ihn mit der Hand an und näht ihn anschließend knappkantig an. Den Heftfaden wieder entfernen.

Bild 20: Nun schließt sie die innere Beinnaht. Die Nähte müssen genau aufeinanderpassen!

Bild 21: Die Naht zuerst heften und mit der Overlockmaschine zusammennähen.

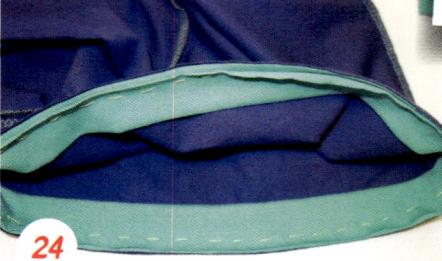

Bild 22: Nun legt sie beide Streifen für die Beinabschlüsse auf den Tisch und steckt jeden rechts auf rechts an der kurzen Seite zusammen.

Bild 23: Carmen näht sie seitlich mit 1 cm Nahtbreite zusammen. Dann dreht Carmen sie um, sodass die Naht innen ist, und klappt die Streifen der Länge nach zusammen.

Bild 24: Jeder Streifen wird dann so in eine Beinöffnung gelegt, dass die Naht des Streifens an der inneren Beinnaht liegt. Dann entlang der offenen, langen Seite anstecken, heften und mit der Overlockmaschine annähen.

Bild 25: Super! Das sieht schon sehr schön aus!

Bild 26: Jetzt wird der Streifen fürs Oberteil genauso angenäht. Seitlich zunähen, umdrehen, zusammenklappen, an der Kante des Oberteils anstecken, heften und mit der Overlockmaschine zusammennähen.

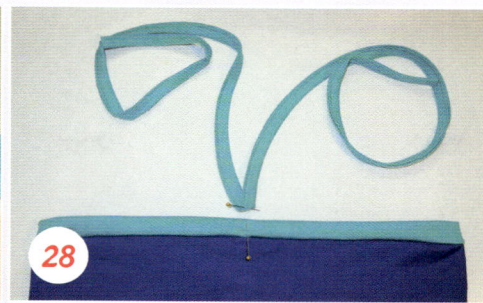

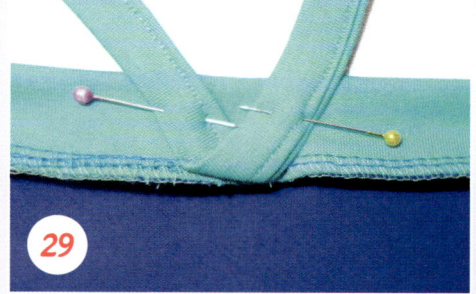

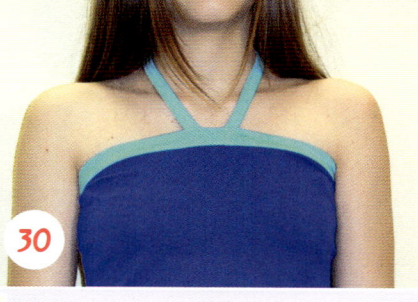

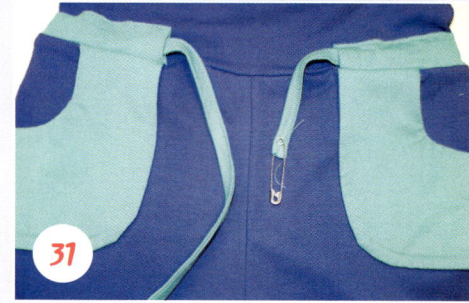

Bild 28: Carmen zieht den Jumper an und ich stecke den Träger an der richtigen Position fest. Hier wäre es super, wenn euch auch jemand helfen könnte.

Bild 29: So wird der Träger dann oben mittig an der Innenseite des Jumpers angenäht.

Bild 30: Der Träger wird hinten am Hals geknotet und sieht vorne ganz toll aus!

Bild 31: Den Gürtel näht ihr ganz gleich wie den Träger. Zuletzt noch mit der Sicherheitsnadel durch den Tunnelbund ziehen und fertig ist der Jumper!

Bild 27: Für die Träger den Streifen bügeln, beide langen Seiten zur Mitte falten und dann nochmals zusammenfalten. Beim Bügeln schon mit Stecknadeln zusammenstecken und dann mit Elastikstich zusammennähen.

7

KulTUr bEutel

Dieser Kulturbeutel ist für meine Mädels immer eine große Herausforderung. Hier lernen sie nicht nur, wie man eine Reißverschlusstasche näht, sondern auch, wie man einen Reißverschluss mit Futter verstürzt. Die Nähte werden doppelt mit Kontrastgarn abgesteppt. Zusätzlich arbeiten wir mit Kunstleder und das Futter wird innen mit Schrägband eingefasst. Mit Zuschnitt haben meine Mädels 3–4 Nachmittage bis zur Fertigstellung gebraucht ... aber die Arbeit hat sich gelohnt! Am besten näht ihr die Tasche in Etappen.

Alle sichtbaren bunten Baumwollstoffe

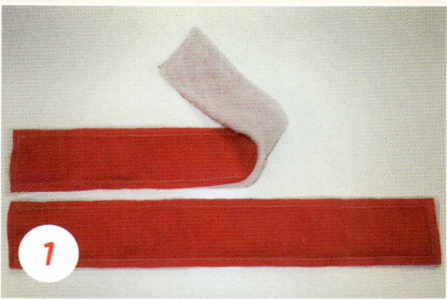

1

2

3

WiR BraUchEn:

- 1 x Boden „B", 42 x 24 cm (Kunstleder schwarz, Futter, Volumenvlies und, wenn ihr habt, Rosshaareinlage)

- 2 x Taschenbeutel „T", 25 x 20 cm (orange)

- 2 x Laschen „L", 16 x 6 cm (Oberstoff rot und orange)

- 2 x Seitenteile „S", 14 x 13 cm (Oberstoff rot und orange, Volumenvlies und Futter)

- 2 x Streifen für den Reißverschluss „R", 52 x 7 cm (Oberstoff schwarz mit Punkten, Volumenvlies und Futter)

- 2 x Eckteil links, Schnittbogen **A**, Nr. 23 (Oberstoff rot und orange)

- 2 x Mittelteil, Schnittbogen **A**, Nr. 24 (Oberstoff schwarz mit Sternen und rot)

- 2 x Eckteil rechts, Schnittbogen **A**, Nr. 25 (Oberstoff orange und schwarz mit Sternen)

- Schrägband, 235 x 6 cm (fertige Breite 1,5 cm), in Rot

- 2 x Reißverschluss, Länge mind. 55 cm oder länger sowie 20 cm

- 2 x Klebevlies, ca. 26 x 6 cm

- Kontrast-Nähgarn, Bügeleisen, Bügelbrett,

- Als Futter verwendet Leonie einen Baumwollstoff in Rot.

- Achtung: Futter und Volumenvlies für Nr. 23–25 werden später beim Nähen zugeschnitten!

Bild 1: Leonie legt die beiden Futterteile „R" auf beide Volumenvliesteile „R" und näht sie fußbreit zusammen.

Bild 2: Dann nimmt sie den langen Reißverschluss, öffnet ihn und steckt ihn rechts auf rechts auf einen langen Streifen „R".

Bild 3: Anschließend näht sie ihn mit dem Reißverschlussnähfuß an.

Bild 4: Leonie näht nun auch den zweiten Teil des Reißverschlusses an.

Bild 5: Dann legt sie den Futterstreifen auf den Tisch, legt den Streifen mit dem angenähten Reißverschluss rechts auf rechts darauf und steckt beides zusammen.

Sie näht beide Teile zusammen, indem sie auf der schon genähten Reißverschlussnaht nachnäht.

Bild 6: Nun legt sie die schwarzen Streifen mit dem Reißverschluss so auf den Tisch, dass unterhalb das rote Futter ist. Jetzt näht Leonie die Kontrastnaht mit dem normalen Füßchen zuerst knappkantig.

Bild 7: Dann näht sie mit dem Füßchen an der knappkantigen Naht entlang und so entsteht die doppelte abgesteppte Naht! Diese Naht wird immer wieder bei der Tasche verwendet!

Bild 8: Leonie näht nun Oberstoff und Futter rundum fußbreit zusammen.

Bild 9: Beide Laschen „L" werden von beiden Seiten längs zur Mitte gebügelt, nochmals zusammengeklappt und dann knappkantig abgesteppt.

Bild 10: Die rote Lasche wird auf das orange Seitenteil „S" und die orange Lasche auf das rote Seitenteil „S" oben an der kurzen Seite angenäht.

Bild 11: Dann wird jedes Seitenteil rechts auf rechts mit der Lasche an die schmale Kante des Reißverschlussstreifens angesteckt.

Bild 12: Leonie näht beide Stofflagen dann mit 1 cm Nahtbreite zusammen und schneidet den Reißverschluss bündig ab.

Bild 13: Nun näht sie das Futter „S" mit dem Volumenvlies „S" zusammen. Dieses Teil wird dann unterhalb des Reißverschlusses mit der Futterseite nach oben gelegt und angesteckt.

Bild 14: Sie näht alle drei Stofflagen 1 cm breit zusammen, dreht diese auf rechts und näht wieder die doppelte Kontrastnaht. Das Ganze macht sie auch mit dem anderen Seitenteil.

Bild 15: Dann näht sie wieder Oberstoff, Volumenlies und Futter rundum fußbreit zusammen.

Bild 16: Nun näht sie die 3 Teile Nr. 23–25 für vorne und hinten mit 1 cm Nahtbreite zusammen. Zuvor steckt Leonie alles exakt fest.

Bild 17: Bitte hier genau nähen, sodass oben und unten eine gerade Kante entsteht, und bügeln!

Bild 18: Nun legt sie jedes Teil auf das Volumenvlies und auf das Futter und schneidet beides zweimal genau zu.

Bild 19: Das Teil, das keine Reißverschlusstasche bekommt, kann dann schon fertiggenäht werden: Zuerst das Teil mit der schönen Seite nach oben, darunter das Volumenvlies und nochmals darunter das Futter. Alle drei Lagen mit Stecknadeln feststecken und an den Kanten rundum fußbreit zusammennähen. Das überstehende Volumenvlies genau abschneiden.

Bild 20: Anschließend steppt sie die Nähte wieder doppelt ab.

Bild 21: Beim zweiten Seitenteil steppt sie die Nähte jetzt schon doppelt ab. Nun wird die Reißverschlusstasche eingenäht. Hierfür bügelt Leonie einen Steifen Klebevlies (26 x 6 cm) auf die Rückseite auf. Der Abstand zur oberen Kante beträgt ca. 2 cm und seitlich ca. 3 cm.

Bild 22: Sie nimmt einen Taschenbeutel und bügelt dort auf der linken Stoffseite ebenfalls einen Streifen Klebevlies (26 x 6 cm) mit 2 cm Abstand von oben auf.

Bild 23: Jetzt werden Taschenbeutel und Taschenvorderteil rechts auf rechts aufeinandergelegt und mit Stecknadeln zusammengesteckt. Nun zeichnet sie ein langes, schmales Rechteck mit den Maßen 20 x 1 cm mittig auf den Taschenbeutel.

Bild 24: Dieses Rechteck wird nun genau nachgenäht. Am besten fangt ihr mitten in der langen Linie an. Und unbedingt gut verriegeln. Leonie näht mit rotem Faden, damit ihr es besser erkennen könnt! Dann zeichnet sie sich in der Mitte eine Schnittlinie.

Bild 25: Vorsichtig schneidet sie in der Mitte des Rechteckes mit der Schere in beide Stofflagen. An beiden Enden macht sie jeweils zwei kleine Schnitte bis kurz vor die Ecken (siehe Schnittlinie!).

Bild 26: Dann dreht sie den Taschenbeutel durchs Schnittloch nach innen und bügelt diesen schön an der Naht fest.

Bild 27: Nun steckt sie den geschlossenen Reißverschluss mittig in dieses

Loch und heftet ihn mit einer Handnähnadel und kleinen Stichen gut an.

Bild 28: Anschließend näht sie den Reißverschluss mit dem Reißverschlussfüßchen knapp in die Öffnung ein und entfernt die Heftfäden wieder mit dem Auftrenner auf der linken Stoffseite.

Bild 29: Der zweite Taschenbeutel wird nun rechts auf rechts auf den angenähten Taschenbeutel gelegt, rundum mit Stecknadeln angesteckt und 1 cm breit wieder mit dem normalen Nähfuß zusammengenäht. Achtung: Nur die zwei Taschenbeutel zusammennähen. Unbedingt darauf achten, dass nicht das Seitenteil mitgenäht wird!

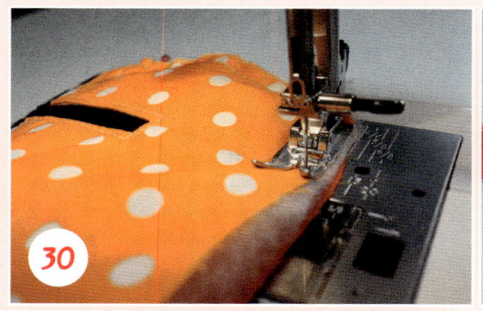

Bild 30: Dieses Teil wird nun auf das schon zugeschnittene Volumenvlies und das Futter gesteckt und fußbreit angenäht.

Bild 31: Nun näht Leonie das Reißverschlussteil zwischen die beiden großen Seitenteile. Hierfür muss sie jeweils die Mitte markieren. Dafür legt sie alle Teile auf den Tisch, faltet diese genau in der Mitte zusammen und steckt genau am Bruch eine Stecknadel hinein.

Bild 32: Dann werden diese Nadeln exakt übereinandergesteckt, sodass die Tasche später gerade steht!

Bild 33: Anschließend steckt sie die ganze Länge (bis auf die Unterkante) zusammen.

Bild 34: Diese Naht wird nun 1 cm breit genäht. Unbedingt einhalten! Das zweite Teil wird genauso angenäht.

Bild 35: Dann ist die Tasche ohne Boden schon fertig. Leonie dreht sie um, stellt sie auf den Tisch und schaut, ob sie gerade steht.

Bild 36: Super! Sie dreht die Tasche wieder um und näht innen an den beiden langen Nähten das Schrägband an. Hierfür steckt sie eine Seite offen an und näht diese Naht genau in der Bügelkante an.

Bild 37: Dann klappt sie das Schrägband über die Nahtzugabe auf die andere Seite, steckt es wieder mit vielen Stecknadeln an und näht auch diese Naht.

Bild 38: Wenn sie das Schrägband auch bei der zweiten Naht angenäht hat, bekommt die Tasche noch mehr Stabilität und das Futter innen ist gleichzeitig schön verarbeitet.

Bild 39: Als nächstes wird der Taschenboden genäht. Hierfür legt Leonie die Rosshaareinlage auf die linke Seite des Kunstleders und näht beides fußbreit zusammen.

Bild 40: Sie klappt den Boden so zusammen, dass die Kanten exakt übereinanderliegen.

Bild 41: Dann zeichnet sie rechtwinklig zur Außenkante 6 cm an. Diese Ecke wird mit Stecknadeln fixiert und dann wird entlang der Linie genäht und gut verriegelt. Nun ist die erste Ecke fertig abgenäht.

Bild 42: So näht Leonie jetzt auch die restlichen 3 Ecken. Der Taschenboden hat dann eine rechteckige Form. Sie

dreht den Boden um, sodass außen das Kunstleder ist. Anschließend legt sie jeweils zwei Ecken zur kurzen Seite, schneidet ca. 1 cm der Spitze ab und näht die Ecken am oberen Rand fußbreit an. So bekommt der Boden zusätzlich Stabilität.

Bild 43: Dann legt sie das Volumenvlies auf die linke Seite des Futters, steckt beide Stoffe aufeinander und näht diese rundum fußbreit zusammen.

Auch hier näht sie alle 4 Ecken wie beim Kunstlederboden (Punkt 40–42). Leonie steckt nun beide Böden ineinander, sodass jeweils die schöne Seite außen ist. Die obere Kante wird dann mit Nadeln zusammengesteckt.

Bild 44: Diese Naht wird dann ebenfalls fußbreit zusammengenäht und die Kante wird oben, wenn nötig, geradegeschnitten.

Bild 45: Leonie öffnet den langen Reißverschluss, dreht die Tasche um und steckt den Boden an der Unterseite der Tasche rechts auf rechts hinein. Dann steckt sie zuerst die Ecken mit Nadeln zusammen.

Bild 46: Anschließend werden auch die anderen Kanten mit Nadeln zusammengesteckt. Diese Naht wird dann 1 cm breit genäht. Achtung, langsam über die dicken Stellen drübernähen.

Bild 47: Auch diese Naht wird wieder mit Schrägband eingefasst (siehe Punkt 36–38).

Bild 48: Tasche umdrehen – FERTIG! Super! Ihr könnt mächtig stolz sein!

DaNKE!

Die vier Mädels haben wirklich tolle Arbeit geleistet. Diesmal haben wir viele Stunden gemeinsam genäht und fotografiert.

Vielen Dank für Euren Einsatz! Danke an Carmen, Judith, Cosima und meine Tochter Leonie!

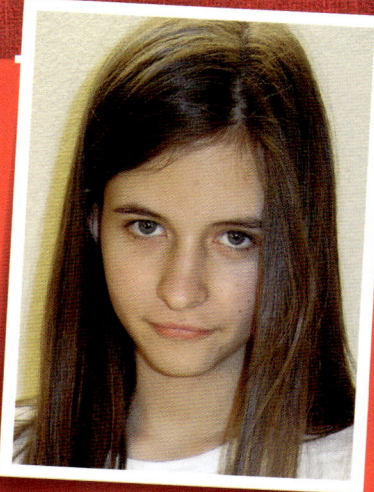

cArMen

juDitH

CoSiMA

LeOniE

üBeR diE aUtOrin

Birgit Pachler wurde in Baden-Württemberg geboren. Nach einer Schneiderlehre und einigen Jahren Praxis schloss sie das Studium zur Bekleidungstechnikerin ab.
Danach übersiedelte sie nach Graz. Sie ist verheiratet und hat eine Tochter. Kreativität und textiles Gestalten ziehen sich wie ein roter Faden durch ihr Leben. Ihre Fertigkeiten konnte sie in unterschiedlichen Jobs – vom Maßatelier bis hin zur Bekleidungsindustrie – stets erweitern.

2009 eröffnete sie ihr Taschenatelier. Ihre Tochter nähte schon mit 4 Jahren an der Nähmaschine und somit war die Idee für Kindernähkurse geboren. Seit 2013 veranstaltet sie sämtliche Nähkurse in ihrem Nähcafé in Graz.